産業医が診る働き方改革

増補改訂版

産業医科大学 編

西日本新聞社

初版刊行にあたって

産業医科大学 学長　東 敏昭

本書は、２０１８年1月から12月の全32回にわたり、西日本新聞の毎週月曜日の朝刊に連載された「産業医が診る働き方改革」シリーズをまとめたものです。

２０１８年は産業医科大学（福岡県北九州市八幡西区）が１９７８年に創立されて40周年にあたることから、記念出版の意味も込めて1冊にまとめました。

本書では、働く現場の今の課題や対策に加えて、産業保健やこれに関わる専門職である産業医、産業保健師・看護師の役割、法律についても加筆しました。各項目には付随する資料をコラムとして加えています。

日本は、寿命の延伸と少子化により世界の中で最も高年齢化が進んだ社会となっています。日本が今までのような経済的基盤をもって、多くの人々が安心して暮らしていくためには、これを支える労働力の維持は不可欠です。また、長期的には生産性の向上を含む産業の活性化が必要と考えられます。これも、元気にそれぞれの仕事に従事する人の広い健康があってのことです。次の世代のための子育てや、貢献された前世代の介護と仕事の両立、疾患の治療と就労の両立ができる働き方が模索されています。社会を支える力を強くするためには、高年齢になっても働ける職場環境と健康管理の仕組み、職域におけるダイバーシティを可能にする制度の充実が欠かせません。これは社会の活力を高めることにつながります。産業医をはじめとする産業保健職の活動は、こうした働く人の健康の保持増進に寄与し、社会の安心につながるものです。

２０１８年度に働き方改革の一環として労働安全衛生法の改正が行われ、産業医の権限が強化されました。本書は、職場での健康問題に関心のある方に広く読んでいただけるように、専門用語は避け、分かりやすく表記しました。産業保健や会社の健康管理に関わる方には通読されて、今の職場の働く人の健康に関する課題をご理解いただければと願っています。既に産業医・産業保健専門職として仕事をされている方は、衛生講話の話題としてご利用いただければ幸いです。

２０１９年４月

増補改訂版出版にあたって

産業医科大学 学長　東敏昭

２０１９年４月に「産業医が診る働き方改革」の初版を、産業医科大学の開学40周年事業の一環としてまとめました。周年事業として、ご支援いただいた方々への配付や、講習会のテキストとしての利用の他、頒布もされ、好評をいただきました。これを受けて、このたび、西日本新聞社のご協力を得て増補改訂版を発行することになりました。初版ではカバーできなかった内容を加え、また関心のあるところをまとめてお読みいただけるように再編集したものです。

初版同様に、一般の読者に広く読んでいただけるよう、分かりやすい記述と、イラストを添える形になっています。一方で、産業保健を担当される方々にも活用していただけるよう、産業医、産業保健師・看護師の役割、法律や専門職へのアドバイスも項目に加えました。

本書は初版同様に、各項目について産業医科大学の専門家が執筆したものですが、職場での健康問題に関心のある方に広く読んでいただけるよう専門用語は避けるようにいたしました。読み物として通して読まれても、関心のある項目を選んで読まれてもよいと思います。ぜひ、多くの方々に手に取ってお読みいただければ幸いです。

２０２０年１月

産業医が診る働き方改革 —— 目次

第2章　生活習慣や疾患別に診る予防・改善事例

第3章　産業医・保健スタッフのこれからの役割

産業医とは

働く人々の安全と健康を確保し、より快適な職場環境を形成するために、産業医学を実践する医師のことです。

近年は、世界経済や社会情勢の急激な変化により、労働者が被る心身のストレスは増大し、新たな健康問題が引き起こされています。職業病の予防に加えて、リスクアセスメントから労働者の健康保持増進までを担当するチームのリーダーとして産業保健を推進します。

労働安全衛生法は、常時50人以上の労働者を使用する事業場において、事業者に産業医の選任を義務付けています。また、1000人以上、または有害業務に500人以上の労働者が従事する事業場には、専属の産業医が選任されます。

産業医の役割と仕事

【職場巡視】

産業医は、定期的に職場を巡視することが求められています。労働者が実際に働く状況を理解することは産業医として適切な助言を行うための基本であり、また健康障害のリスクが高い環境や作業があれば改善するよう指導します。

【化学物質等のリスクアセスメント】

衛生管理者とともに化学物質等の有害性に関する情報と、実際の職場における労働者のばく露の状況を総合的に判断し、健康障害が発生するリスクを評価します。リスクが高いと判断された場合には、事業者に対して指導や勧告を行います。

【健康教育・労働衛生教育】

有害物質や有害エネルギーによる健康障害の防止から職場のストレス対策まで、産業医は多彩な課題について、職場で集団教育を行います。

【衛生委員会への参加】

常時50人以上の労働者を使用する事業場では、労働者の健康に関して調査・審議する場として各事業場に衛生委員会が設置されます。産業医は衛生委員会の委員として、職場の安全衛生体制の構築にも参画します。

【健康診断と事後措置】

全ての労働者は、毎年1回以上の健康診断を受診することになっていますが、当然のことながら受診するだけでは健康状態は改善しません。その結果に基づき、本人に生活習慣の改善を指導し、事業者に職場や作業の改善を助言することで、働く人の安全と健康を確保します。

産業医・産業保健機能の強化

２０１８年度に働き方改革の一環として労働安全衛生法の改正が行われ過重労働による健康障害の防止のため、次のように産業医の権限が強化されました。

① 産業医の活動環境の整備

⑴産業医は、必要な医学に関する知識に基づいて、誠実にその職務を行わなければならないものとすること（理念規定の創設）

⑵産業医の勧告について、衛生委員会への報告を事業者に義務付け

⑶産業医の業務の内容等を、労働者に周知することを事業者に義務付け

⑷産業医等が労働者からの健康相談に応じ、適切に対応するために必要な体制の整備等を、事業者の努力義務として規定

②産業医に対する情報提供等

(1)労働時間に関する情報等※の産業医への提供を事業者に義務付け

※具体的には、

・健康診断等実施後の就業上の措置の内容等

・長時間労働者（80時間超の時間外・休日労働）の氏名、超過時間等

・労働者の業務に関する情報（産業医等が健康管理等を行うために必要と認めるもの）

(2)事業者は、労働者の健康情報を取り扱うに当たっては、労働者の健康の確保に必要な範囲内で取り扱う（本人の同意がある場合等を除く）

(3)労働者の健康情報を適正に管理するために必要な措置を事業者に義務付け

(4)厚生労働大臣は、事業者による健康情報の取り扱いの適切かつ有効な実施を図るため必要な指針を公表する（必要に応じて指導等ができる）

第1章

健康に働き続けるための環境づくり

産業医の仕事

健康を守るため現場に応じて助言

堀江正知

知り合いに医者がいれば何かと便利ですよね。産業医は会社が契約している身近な医師ですが、社員の病気や健康の相談だけが存在理由ではありません。その本質的な使命は働くことと健康でいることの両立です。そのために二つの手法を採ります。

一つは、働く人々に対して、最適な医療機関を探して紹介したり、より良い健康習慣を勧めたりすることです。

もう一つが産業医ならではの手法で、会社に対して職場環境や作業方法を改善するよう意見を述べることです。通院時間の確保、残業の削減、働く場所の快適性向上、使いやすい工具や保護具の選択、休憩設備の整備、有害性の低い原料への変更など、現場に応じた助言をします。

健康を維持し、安心して仕事に集中できる職場では、新しいアイデアが生まれ、安全性や生産性も向上します。働く人と会社のいずれにも偏らず、独立した医師としての立場から助言や指導を行っています。

多くの産業医は内科、精神科、整形外科などそれぞれ専門がありますが、産業医に共通するのは「自分が選任されている職場を最もよく知る医師」であること。専門外の病気を相談されても、その人が働く姿を思い浮かべながら、医師として可能な支援を尽くします。

私は産業医学が専門です。仕事の健康への影響を探究し、職業病の予防を目指します。産業医学の中にも専門分野があり、温熱、騒音、重量物、放射線、粉じん、有機溶剤、心理的ストレスなど働く人々がさらされる要因ごとに専門家がいます。専門医は日本に約500人と医師総数の0・2％未満ですから、あまり知られてはいません。

しかし、全ての先進国に専門医がいます。かつては結核、中毒、じん肺などが大きな問題でした。近年は、ストレスや長時間労働による高血圧、心臓病、うつ病、腰痛、ぜんそくなど、一般的によくみられる病態が重要な課題になっています。一方、持病の治療を受けながら働く人々も増えていますので、産業医による働き方改革が重視されていくことでしょう。

産業医の選任率

企業・事業場	産業医の選任率(%)	常勤	非常勤
企業規模			
5,000人以上	98.7	8.5	90.3
1,000〜4,999人	95.1	5.0	90.1
300〜999人	94.0	11.7	82.3
100〜299人	88.0	3.3	84.7
50〜99人	58.7	3.7	55.0
事業所規模			
1,000人以上	98.3	65.9	32.3
500〜999人	99.9	30.1	69.8
300〜499人	98.4	19.0	79.4
100〜299人	94.0	6.9	87.1
50〜99人	77.0	2.5	74.5
合計	84.1	6.0	78.1

(厚生労働省労働安全衛生調査、2017年10月)

健康管理

仕事にメリハリつけ計画的な休暇を

堀江正知

永井務さん(43)=仮名=は熟練した設計技術者です。会社は販路拡大中で業務量が増えていますが、社員数は増やさずに対応するようです。このため、退社は午後10時台になることが多く、休日出勤や出張もざらです。

健康診断の結果、肥満、高血圧、LDLコレステロール高値、糖尿病の疑いがありました。保健指導で減量を勧められ、病院の紹介状もありますが、「今は忙しくて、病院に行く暇はない」と言います。

ここで、産業医が関われば、いかに立ち回るのでしょう。経営陣に対して発言力がある産業医は、二つのメッセージを伝えることになります。

まずは、働く人々の健康に関する会社の管理責任を指摘します。日本では、会社が

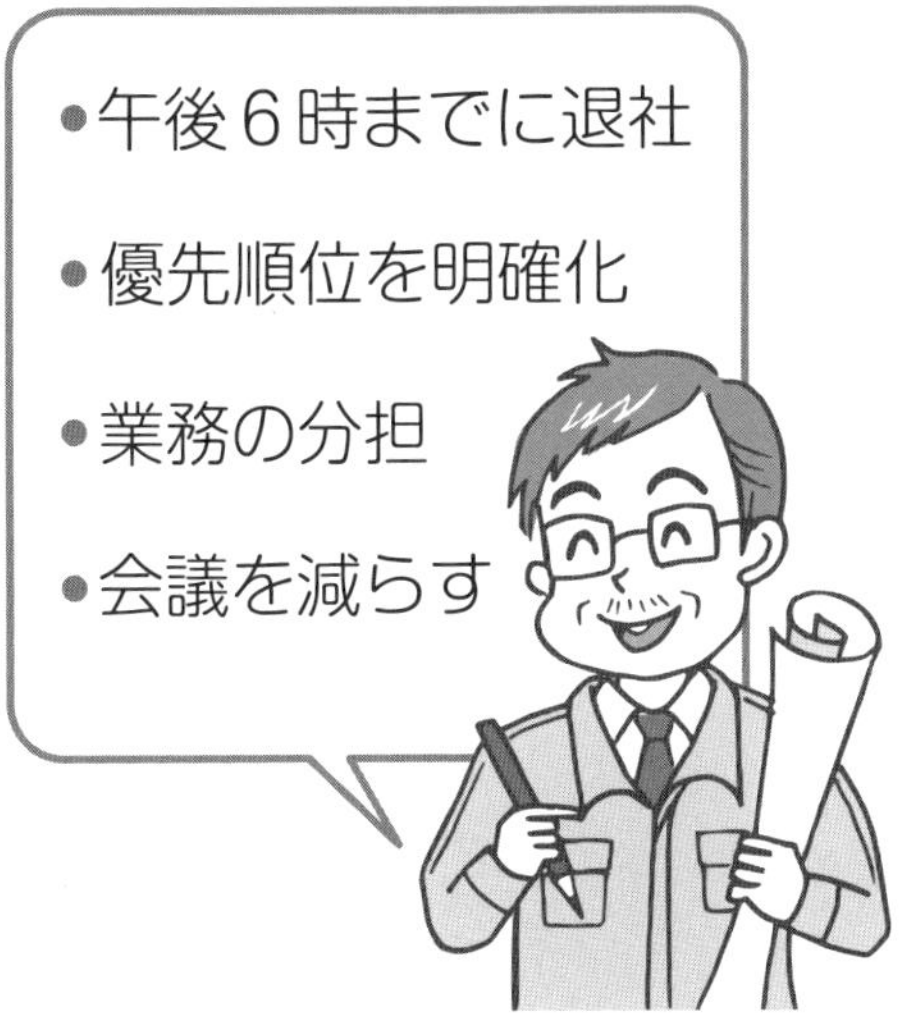
●午後6時までに退社
●優先順位を明確化
●業務の分担
●会議を減らす

健康診断の結果を保存して、それぞれの健康状態に合わせて就業上の配慮をする義務を負っています。

つまり、永井さんが高血圧や糖尿病などを患い、心筋梗塞や脳梗塞を起こすリスクが高い事実を、会社は把握していることになります。このまま長時間労働を続けて、万が一心臓や脳の病気が生じれば「労災」と判断され、安全配慮義務を怠った責任で訴えられかねません。社員の健康管理の失敗は、経営リスクにつながるのです。

もう1点、労働時間が長くなるほど、生産効率が下がり、ミスや事故が増える現実を指摘します。長時間労働が常態化すると、家族や友人と過ごす機会、人とのコミュニケーションが減る上、睡眠不足も加わり、職場に意欲低下やうつ状態が広がることもあります。

永井さんの場合、①部下の文書点検という職務を他職場で分担②会議を減らす③職務の範囲や優先順位を明確化④原則、午後6時までに退社――などの対策で、仕事にメリハリをつけさせました。

経営トップも「労働時間の短縮はやればできる」と実感し、計画的な年休取得や管理職の教育が実践されるようになりました。

治療を始められた永井さんは、歩く習慣ができて体重も減り、血圧も安定。どうやら働く人も職場も健康を回復できたようです。

産業医の立場

産業医は、事業者（法人）に選任され、全ての労働者が健康に働くことができる職場づくりを目指します。事業者と労働者との間で医学的に独立な立場から、事業者には就業上の措置に関する意見を述べ、労働者には保健指導を行います。

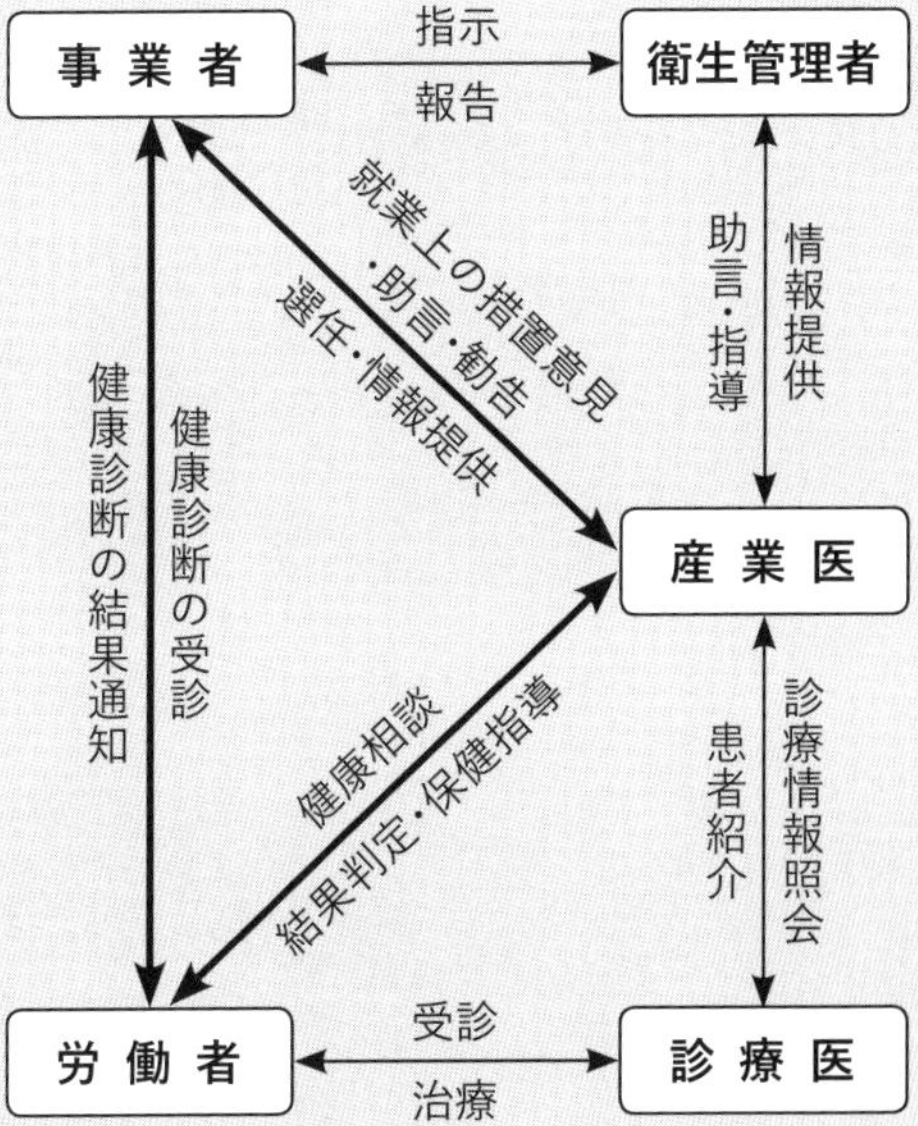

人間関係

業務の明確化で役割分担

廣尚典

社員数200人ほどの印刷会社での話です。地域の大きな行事で使う印刷物を大量に受注したことで、近年にない繁忙期が1年近くも続いていました。当初は職場に活気をもたらしましたが、長引くにつれて不調を訴える社員が増加。この3カ月間で休業者が2人も出てしまいました。

休業診断書の病名は、2人とも「抑うつ状態」です。人事担当者は、看過できない事態だと判断して、週に1度勤務している産業医に相談。業務が増えている部署を中心に、個人面接で健康状態を確認してもらうことにしました。

産業医は、15人を3回に分けて面接しました。専門医の受診や休業がすぐに必要というわけではないものの、ストレスを強く感じ、疲労が蓄積している社員が他にもいる

ことが分かりました。原因としては「人間関係が良くない」という声が多く聞かれました。

確かに人間関係は、職場のストレスの代表的な原因であると、多くの調査で報告されています。上司と部下間、同僚間のサポートが少ない職場では、ストレスが高まりやすいことも知られています。

ただ、ひと口で人間関係といっても、背景にはさまざまな問題が潜んでいます。問題をつまびらかにして改善できないと、解決にはつながりません。

さらに聞き取りを深めていきました。すると、多忙化によって、それまでうまくいっていた役割分担にひずみが生じ、仕事量の偏りが大きくなり、部署や担当者の連携がぎくしゃくしている事実が明らかになってきました。これが「人間関係によるストレス」と表現されていたのです。

産業医は職場の管理者に対し、それぞれの業務を明確化し、役割分担を見直すよう提案しました。一人一人の頑張りを褒め、ねぎらいの言葉を掛けてはどうかとも伝えました。管理者は提案を実践し、「忙しいのに、気配りができているね」「仕事が正確で安心できるよ」などと声掛けを徹底しています。

その後も繁忙期は半年ほど続きましたが、精神的な不調を訴える社員は出ず、山を越えたようです。

職場のストレスとは

仕事のストレスを評価する指標がいくつか考案されています。「仕事の要求度―コントロール―支援モデル」は、仕事の要求度（大変さ）が大きく、コントロール度（裁量権など）および周囲からの支援が小さい場合に高ストレスと評価します。これは、ストレスチェック制度の集団分析においても活用することが推奨されています。

「努力―報酬不均衡モデル」は、仕事を遂行する上での努力と、そこから得られるべき、あるいは得られることが期待される報酬のバランスを評価するもので、両者が釣り合わない（前者に比べて後者が少ない）と高ストレスを生じると判定します。この報酬には、金銭や地位（昇進や安定）の面だけでなく、自らが尊重されていると感じることも含まれます。

いずれも欧米で開発されたモデルですが、わが国でも有用性が確認されており、ストレス対策で参考にできるでしょう。

組織改革　緩やかな変革でストレス軽減

廣尚典

通信機器販売会社の事業所での話です。3年前に他の事業所と併合され、社員は約120人から180人程度に増えていました。

2017年4月の人事異動で中核部署の部長が代わりました。新部長は組織体制を大幅に変更。商品の領域ごとに独立していた六つの課が解体され、各課を分けていた仕切りも取り払われました。部が一体となって市場の動きに迅速に対応しようという方針を、明確な形に表したようです。

長年、この職場を見てきた産業医は、組織を見直す必要性は理解していました。しかし、あまり職場変革を急ぐと、社員は付いていけるのだろうかと少し心配になりました。

10月に入って、心配が現実に。チームリーダー（課長）の1人が「適応障害」の診断書を提出し、休業に入ったのです。適応障害は特定の状況や出来事が耐えがたく、行動・情緒面に症状が現れます。1カ月ほど前から、表情に活気がなくなり、休憩時間もつらそうにしている様子を同僚に目撃されていました。

2015年12月から義務となったストレスチェックを17年8月に実施した結果、この部署では「高ストレス」と判定された社員の割合が他部署の2倍以上でした。高ストレスの社員には、産業医による面接指導が勧奨されます。産業医は社員の訴えに耳を傾けました。「指示命令系統が複雑化し、うまく仕事が回せない」「経験のない要請が増え、処理に時間がかかる」…

どうやら新部長の狙いが浸透しておらず、逆に社員の負担感、ストレスを高めてしまっているようでした。新部長も思うように業務が進まないことにいら立ち、部下への命令が高圧的になって、パワーハラスメントに近い事態も起こっているようでした。

斬新な職場の変革は関係者にとって刺激的で、職場が活性化することも多いようです。ただ、性急に進めると、適応できない社員が出て、職場全体の成果は落ちてしまうという皮肉な結果を生じがちです。産業医は、新部長の苦労をねぎらいつつ、もう少し緩やかな見直しができないものかと問い掛けました。

心の病の労災認定と仕事のストレス

心の病が労災認定された数は年々増加し、2017年は506件、2018年は少し減って465件でした。心の病が労災認定されるための要件の一つに、「発病前おおむね6カ月の間に業務による強い心理的負荷が認められること」があります。それではこの「業務による強い心理的負荷」とは、具体的にどのようなものでしょうか。

厚生労働省が公表している労災認定例についての統計結果によると、「(ひどい）嫌がらせ、いじめ、又は暴行を受けた」に次いで、「仕事内容・仕事量の（大きな）変化を生じさせる出来事があった」が多くなっています。組織や業務の急激な変革は、多くの場合、関係部署の社員に、仕事内容や仕事量の大きな変化をもたらします。既述した労災認定例の多くがそれに該当するものであったかは不明ですが、組織、職場の改革には社員のストレスへの配慮という視点も必要だと思われます。

労働時間

実態に即した業務の見直しを

廣尚典

長時間労働が社会問題となるに伴って、労働時間の短縮に取り組む企業も増えてきました。しかし、トップがただ号令を掛けるだけでは、多くの場合うまくいきません。

ある食品卸売業では、東京の本社から全支店に対して、残業時間の削減を徹底し、2カ月以内に「午後7時には全員退社」を達成するよう指令が出ました。ところが、福岡県の支店では、取引先の都合で午後3時ごろから業務が忙しくなります。業務終了はどうしても午後8時前後になってしまいます。

支店長は1カ月前に異動してきたばかり。支店全体の業務の流れや部署ごとの仕事内容の特徴などをようやく把握できてきたところでした。本社の指示に従うべく、とりあえず勤務シフトを見直すことにしましたが、何から着手すればよいのか、自信を

持てません。周囲に相談した上で指示を出そうとしましたが、なかなか先に進みません。

支店長と支店に長く在籍している従業員との間には、感情の溝ができてしまい、不満の声が高まっていました。それを聞いた産業医が支店長に声を掛けると、支店長は苦しい胸の内を明かしました。

そこで、産業医は残業時間の制限は順守する条件で、「午後7時に全員退社」の達成を半年ほど先送りすることを本社の人事本部に申し入れるよう提案しました。「ストレス対策の面からも望ましい」と口添えもしました。

全社的な決定について、一部の職場だけ特別扱いさせるのはむろん容易なことではありません。しかし、この支店は取引先の特殊性から、営業の方法が他の支店とは異なっており、その事情も社内に理解されていました。産業医の口添えも効いて、特例が認められました。

実は、産業医は支店の書類作成手続きや業務手順があまりにきっちりと決まりすぎていて、社員の裁量権が少ないことが気になっていました。同時に、こうした点を見直すよう提案しました。残業削減には号令だけでなく、各職場の実態に即した業務の見直しなども不可欠です。

長時間労働をめぐる問題

長時間労働をはじめとする過重な労働がもたらす健康障害としては、身体面では脳卒中や心筋梗塞などの脳・心臓疾患、精神面ではうつ病（うつ状態）が代表的なものです。脳・心臓疾患が重症で死に至った場合には「過労死」、うつ状態を背景として死にたいという、あるいは追い詰められた気持ちが高まり、自殺をしてしまった場合には「過労自殺」といわれることもあります。

長時間労働が健康に及ぼす影響は、昨今かなり広く認知されるようになりました。従業員に過度の残業を強いる企業が、「ブラック企業」などと呼ばれて、企業イメージを落とす事態も生じています。しかし、長時間労働の軽減は、組織体制、各部署の業務分担、人員配置などの見直しに着手しないと実効性が高まらない場合が多いものです。企業には、取り組みへの「本気度」が求められます。

就業措置　健診を情報源に環境改善

大神明

産業医には、定期的に従業員の健康診断結果が届きます。ある工場で働く40代男性は、血圧が基準値を大幅に超え、体重も増加、血糖値も上昇しています。数年前から高血圧の薬を飲んでいましたが、私は急激な数値の変化が気になり、面談で最近の就業状況などを伺いました。

男性は「自覚症状は何もなく、働くことには問題ありません。そもそも毎年の健康診断で病気を見つけられるのですか」と不満顔。ただ、話を聞くと、昨年度途中から業務内容が変わったため、暑熱環境や高所での作業が増え、残業は月50時間以上、付き合いの飲み会も多くなったようです。こうした変化は血圧上昇のリスクとなり、産業医としては就業状況が健康に影響した可能性を否定できません。

早速、個別指導で「症状がなくても就業状況によっては持病が悪化することがあります」と説明。会社側には、暑熱対策の実施、できる範囲での高所作業の軽減を提言し、睡眠をしっかり取れるよう、残業を法定時間に収める工夫も促しました。

その後、男性は深酒をやめ、ウオーキングなどの運動も少しずつ取り入れながら、生活習慣の改善に努力しました。体重は減り、最新の健診結果では数値の改善が見られました。

健康状態は刻一刻と変化し、症状として現れたら病気はかなり進行していることもあります。特に、就労状況が一因となっている場合、無症状の時点で本人が生活習慣改善を意識すると共に、会社が労働環境をより良く管理すれば、病気の進行を予防できることも多いのです。

つまり法定健診は、必ずしも病気の発見だけを目的としているわけではありません。安全に健康を損なうことなく働けるように適切な作業環境・方法をサポートする「就業措置」は、産業医の重要な役目。健診は就業措置の情報源となるのです。

今後、職場に高齢者が増えるのに伴い、病気を治療しながら働く人の割合も増えていくでしょう。万全の体調でなくても、それぞれの健康状態に照らして、いかに働きやすい環境を整えるかが、大事になってくるのではないでしょうか。

健康診断大国日本

日本は諸外国の中でも、生まれてから一生の間に、実にさまざまな健康診断を受ける機会が多い国です。母子手帳に記録される乳幼児健診から始まり、小学校から大学まで学生の間は、学校の健康診断を受けられているはずです。また、40歳から74歳までの公的医療保険加入者の方については、俗に「メタボ健診」といわれる健診も実施されています。このように日本ほど健康診断がなじんでいる国は世界でも珍しいといえます。

社会人となって働くようになると、働く人は法定の健康診断を受けることが義務付けられています。この健康診断は、雇用主の責任で実施され、雇入時健康診断、定期健康診断、特定業務従事者に対しての特殊健康診断などさまざまな健診が実施されています。これと並行して、任意のがん検診や人間ドックが行われることもあります。

災害時の健康管理

心理的異変をチェック

森 晃爾《こうじ》

近年、熊本地震や九州豪雨などの災害が相次ぎました。日本は災害の多い国だとあらためて感じます。

災害発生時、避難所で不自由な生活を余儀なくされる住民、緊急招集された医療チームの姿がよく報道されます。私たち産業医が気に掛かるのは、その背後で献身的に働く自治体職員や、復旧に励む企業の従業員たちの健康と安全です。

大規模な自然災害に見舞われた自治体の職員は、自身も被災者であるにもかかわらず、避難所の対応と本来の業務に追われ、不眠不休の状態になることもあります。ストレスが大きい避難所生活で不満や不安が募った避難住民から厳しい言葉を投げ掛けられることも多く、体を壊したり、心を病んだりする職員も必ずと言っていいほど出

てきます。それなのに不満を言わず、高い使命感で働く方々にはいつも頭が下がります。
　一定規模以上の組織は産業医を置く義務があるため、普段から産業医や保健師による健康管理が行われています。災害発生時もさまざまな形で健康・安全面のサポートが受けられます。
　例えば、地震に襲われたA市では、産業医と保健師のチームが各職場に足を運び、病気やけがの恐れがないかなどを確認しました。外部の専門家の力も借りながら一人一人を面接して、心理的異変もチェックし、大きなダメージを受けている職員は医療機関を受診させました。復旧作業を急ぐB社では産業医が中心となり、持病のある従業員がきちんと治療を続けられているか、確認を徹底しました。

しかし、規模が小さい自治体や企業ではそうはいきません。東日本大震災に伴う原発事故の際、複数の町の職員が、自衛隊員や消防隊員に比べて貧弱な放射線防護装備のまま、住民の避難支援に従事しました。熊本地震のときも、ある町の職員たちは長時間労働が続き、少し落ち着いてきたのは3カ月が過ぎた頃だったようです。

災害は備えが大切です。災害時に被害を最小限に抑え、事業を継続させる計画に、働く人たちの健康と安全を守る対策は盛り込まれていますか。

原発事故の支援経験

産業医科大学では、まだ被ばくが不安視されていた事故直後の2011年５月から、福島第一原発で働く全ての作業員の健康を守るための取り組みを開始し、現在も継続しています。

支援開始の当初、私たちが最も懸念していたのは放射線被ばくではなく、熱中症でした。「涼しい東北で熱中症？」と思われるかもしれませんが、全面保護マスクを着け、化学防御服を着用しての作業は過酷で、私たちは夏場になれば何名かが熱中症で亡くなる事態が発生すると危機意識を持っていました。

仮に水の入ったペットボトルを多数用意できたとしても、難しい作業環境の中で、安全衛生の知識が不十分な多重下請け構造で働く全ての作業員に、適切な水分摂取を行わせることすら極めて困難でした。熱中症が心配だから、午後は作業を中止するといったことを東京電力が言い出すことが、とてもできるような環境ではありませんでした。

私たちと東京電力、そして厚生労働省などの連携によって、さまざまな対策が進められ、１年目は軽い熱中症は約40件発生したものの重症者は出ず、福島第一原発は今では熱中症対策優良事業場になっています。

健康経営　企業で取り組み、付加価値を

森晃爾

健康診断は法律で定められているため、企業によっては、健診の結果で治療が必要であったり、生活習慣の改善が必要な場合に産業医や保健師による個別指導が行われたりしています。健康診断の項目にも少し工夫があって、年齢に応じてがん検診が実施されている場合もあります。

このような取り組みは、病気を早期発見することを目的としており、二次予防と呼びます。それに加えて、疲れにくいオフィス設計、社員食堂でのヘルシーメニューの提供、低カロリー飲料が並ぶ自動販売機、年に何回かの運動キャンペーン、従業員の健康意識を高めるための研修など、組織を挙げて一次予防に取り組む企業が増えています。そのキーワードは「健康経営」です。

　少子高齢化の進む日本では、今後、働き手を確保するために、雇用期間が延長されようとしています。しかし、65歳以降も働けるためには、健康が維持されていなければなりません。つまり、健康な高齢者を生み出すことは、社会にとっても、企業にとっても、活力を維持するためにはとても大切です。さらに、若い世代でも、体調不良が原因となって、職場に来ていても能率が上がらなかったり、病欠を取ることで生産性が低下したりして、企業の大きな損失になっていること

が分かってきました。

このような能率が低下した状態をプレゼンティーズムと呼びます。良い睡眠がとれない、目が疲れる、肩こりや腰痛があるなど、多くの人が持っている症状が大きな原因となっており、今後、プレゼンティーズムの解決が、健康経営における課題と認識されています。

健康管理は、それが大事なことだと分かっていても、なかなか一人ではできません。そこで昨今、企業が経営の一環として従業員の健康に投資し、その成果を健全な労働力の確保という形で享受しようとする健康経営に取り組む企業が増加し、国や地方自治体、民間金融機関も、諸表彰制度や低利子融資制度などによって支援する動きが、さまざまな形で広がっているのです。

健康経営では、経営トップの「健康経営方針」や「健康企業宣言」に基づいて健康施策を展開します。管理職も研修を受け、仕事の一環として職場の健康づくりに取り組むことになります。そのような体制を土台に、さまざまな健康増進プログラムを展開して、企業内に健康文化を根付かせようとします。

職場は、仕事に行く場所であって、健康になるための場所ではありません。しかし、今広がっている健康経営で、この常識が覆るかもしれません。健康経営に取り組む企業で働くか、健康への配慮のない企業で働くかによって、在職中も、退職後も、健康状態に大きな差が出てくることになるでしょう。

このような取り組みは、企業にとっても大きな価値をもたらします。医療費の削減のみならず、生産性や株価への好影響など、投資効果が得られることが期待されています。人手不足の昨今、いい人材を獲得して、長く健康に働いてもらうために、成長を目指す企業にとっては不可欠な取り組みになろうとしています。

プレゼンティーズム

しっかり把握し、力引き出す処方箋を

藤野善久

ある企業で、健康管理室に書類を届けに来た北島亜弓さん(24)=仮名=にふと目が留まり、右側の手足にまひがあることに気付きました。産業医は健康診断で異常があったり、病気を治療していたりする従業員とは面談などで接する機会がありますが、北島さんと会うのは初めてでした。まひは幼少期に受けた手術の影響で、治療は終了しており、毎年の健康診断でも異常はなかったようです。

ただ、話を聞くと、ひどい肩こりや手のしびれ、腰痛などに悩んでいました。職場は電話応対が多く、受話器を顔と肩で固定したまま、自由に動く左手を使ってメモを取るという作業を1日に何十回もしています。北島さんにとってはそれが日常で、誰かに相談するなんて考えもしなかったそうです。

私は会社に働き掛け、PHSとヘッドマイクセットを使えるようにしました。電話のたびに不自然な姿勢を取る必要がなくなり、支障なく業務に打ち込めるようになるでしょう。

北島さんのように、治療や診断を受けていなくても、病気や体調不良など健康問題を抱えて働いている人は多くいます。ある報告では、日本人労働者の約8割に目のかすみや耳鳴り、腹痛など何らかの自覚症状があるとされています。このような体調不良を抱えている状態をプレゼンティーズムと呼びます。体調不良による生産性低下を金額に換算すると、休業よりもマイナスが大きいとする報告もあります。

従業員に期待通りの能力を発揮してもらうことは、会社にとってもプレゼンティーズムの解決が重要な課題になっています。これまで、弱視の設計業務従事者のノートパソコンをデスクトップ型に変える▽体に障害があるため、混雑した電車での通勤が苦痛だという社員の出勤時間をずらす――などの対応をしたことがあります。

従業員の困り事は、診断名や検査値だけでは分からないし、病気の治療だけでは十分に改善できません。働く力を引き出すため、産業医が職場を巡回したり、従業員全員と面談したりすることで、困っている内容と環境をしっかり把握し、労働時間や作業内容、作業環境などを調整する処方箋が重要になっているのです。

広がるプレゼンティーズムへの取り組み

本文で紹介したように、健康状態や体調などが理由で、仕事をすることに困難を抱えている労働者でも、通常の健康診断だけでは分からないことが多くあります。労働者に多い体調の問題として、体の痛み、睡眠の問題などがあります。他にも、労働者が抱える健康の問題はさまざまです。

労働者の健康の問題に対して、病気の診断や治療の要否など従来の健康管理の観点とは別に、仕事への影響の程度から、職域での健康管理に取り組むことが重要視されるようになってきました。このような体調不良を抱えて仕事をしている状態がプレゼンティーズムです。最近では、プレゼンティーズムの程度を調べる調査を、健康診断と併せて実施する企業が増えてきています。

ワークライフバランス

周囲の協力で働き方を工夫

川波祥子

河野洋子さん（37）＝仮名＝は、飲料メーカー販売企画部でプロジェクトリーダーを務める2児の母親です。夫は単身赴任中。次男（3）の育児休業後、短時間勤務制度を利用していましたが、昨年から通常勤務に戻りました。産業医である私にも「これからまた頑張ります！」と、はつらつとした表情で報告がありました。

ところが半年後、健康診断結果を見ていた私は、彼女の小さな異変に気付きました。「眠りが浅い」「いらいらする」と訴え、体重も急に増えています。面談すると、かなり疲れた様子です。プロジェクトは順調で仕事の手応えは感じているとのこと。ただ、急な打ち合わせが多く、帰宅時間は不規則で、遅いようでした。

保育園児の次男と慌てて帰宅すると、小学4年の長男（9）はお菓子とテレビに夢中

です。ランドセルは放置、部屋は散らかり放題。「夕飯前でしょ！　宿題はやったの？」。思わずきつい言葉が口を突きます。

子どもの世話、夕食の準備と片付け、入浴などをこなすともう夜中。散らかった部屋にため息をつきつつ、就寝します。仕事が充実する半面、家事や育児は「理想通りにいかない」といら立ち、間食も増えていました。

いくつもの役割を1人で抱え込み、疲弊している河野さん。私は周囲の支援や、仕事の進め方を再考してみるよう勧めました。そこで、河野さんは近所に住む母親に相談し、週に数回、夕方の家事や育児を手伝ってもらうことにしました。

子どもの生活が規則正しく安定すると心に余裕ができ、仕事に集中できるようになりました。仕事の進め方については河野さんの了承のもと、上司にも入ってもらい、予定外の打ち合わせは避け、できるだけ就業時間内に行うよう職場で話し合いが行われました。すると「予定が立てやすくなった」と、河野さん以外の同僚にも好評だと聞きました。

女性に限らず自分の頑張りだけでは、ワークライフバランスの維持が難しい時期があります。全てを1人で抱え込まず、周囲の理解やサポートを受けながら働き方を工夫することが、キャリア継続には大切です。

ワークライフバランスを支援する制度

働き方の工夫や調整が必要なライフイベントは出産・育児に限らず、家族の介護や自分自身の病気の治療など、高齢化や定年延長に伴って増えています。一方でそのような中でも長く働き続けたいと考える方は多く、支援制度も整ってきています。産前産後の休業はもちろんのこと、妊娠中に主治医が必要な勤務の緩和を指示する仕組み（母性健康管理指導事項連絡カード）もその一つですし、育児休業は母親と父親が同時に、あるいは交代で取得できます。介護も休業制度だけでなく、短時間勤務や短期休暇、残業や深夜業の制限など働きながら活用できる制度が増えています。

さらに内閣府は、仕事と生活の調和推進を掲げ、企業に対して健康で豊かな生活を実現するための時間の確保や、多様な働き方の環境整備を求めています。産業医も、いくつもの役割を抱え悩んでいる社員に対し、利用できる制度を紹介し、健康面でのサポートを行っています。

職場巡視

現場を見てこそ疾患が防げる

廣尚典

働く人の健康を守るため、より良い職場環境の整備などに尽力する産業医ですが、時には失敗してしまうこともあります。

ある産業医は、中型機械製造会社の基幹工場に勤務して約1年。従業員約４００人分の健康診断報告書をざっとチェックしていたところ、吉沢一郎さん(48)＝仮名＝の結果が目に留まりました。

吉沢さんは工場に30年ほど勤務し、現在の製造ラインには約7年のベテランでした。ここ5年血圧が高めで、血清コレステロール値も基準を上回っていましたが、今回の結果が最も良くありません。心電図でも少し心臓に負担がかかっている様子がうかがえました。

産業医は健診結果を説明し、今の仕事を継続することで健康状態が悪化しないか確認するため、吉沢さんに連絡を取り、健康管理室に来てもらいました。話を聞いてみると、天井に設けられた大型クレーンの運転を主に担当し、座ったままでの作業が大半なので「体の負担感はあまり感じない」とのこと。様子を見ることにしました。

ところが、面談から2週間後、吉沢さんの上司が「最近、吉沢さんが作業中に胸を抱え込んで苦しそうにしていることがある。大丈夫だろうか」と相談に来ました。作業内容を確認すると、クレーン運転中は本人が言う通り座ったままですが、運転席までの階段の上り下りが半日に何度もあると分かりました。吉沢さんは慣れた職場を異動させられるのではないかと心配し、産業医に症状を明かさず、負担感も軽めに伝えていたようです。

産業医は吉沢さんを説得し、内科を受診してもらいました。その結果、軽度の狭心症が判明。頻繁な階段の上り下りは発作を誘発する可能性が高いと推測されました。上司と産業医の説得で、吉沢さんは以前少し関わったことのある倉庫管理部署に異動になりました。本人も症状を気にしていたようで、最終的に納得してくれました。

「作業現場に足を運ぶべきだった」と、この産業医は深く反省しました。現場を自分の目で見ようとしない産業医は三流です。

産業医と現場の関係

産業医の業務として定められている職場巡視は、工場内に見られる粉じんや騒音などの有害因子をチェックするためだけに行うものではありません。そこで働く従業員の作業内容や仕事ぶりを直接観察して、健康状態との関連を確認するのも、重要な目的の一つといえます。ですから、職場が整理整頓の行き届いたオフィスであっても、職場巡視は意味のある活動なのです。

また、職場巡視は、産業医が多くの従業員と接する機会でもあります。産業医は、事業所内で行われている業務の実態を把握するのに加え、その職場の従業員に親しまれてこそ、いい仕事ができます。職場巡視以外にも、産業医が随時従業員と接触する場をつくりたいものです。夜勤のある職場では、夜勤の時間帯にも産業医が職場に顔を出すようになれば、すばらしいですね。

快適職場

個性化で生産性アップにも

三宅晋司

快適職場については1992年にその指針が出され、「一日のうちの多くの時間を過ごす職場に植栽の設置や絵画の掲示などを行い、生活の場としての潤いをもたらしましょう」という項目がありました。さて、そのような職場環境への取り組みとは別に、仕事をすることが楽しくなる職場について考えてみましょう。

仕事で使う道具(文房具、机・椅子などの什器類、コンピューター機器、工場での道具類、土木・建設業ではショベルカーといった重機類など)を自分の好みの色やデザインにするのはどうでしょう。実際に自分の好きな写真をパソコンの背景画面にしたり、アニメなどのキャラクターが描かれた文房具を使ったりしている人も多いことでしょう。また、街中で時々見掛ける建設作業に用いられる小型ショベルカーの色が

1990年代からパステルカラーになっています。
このように道具の色や模様を「楽しいもの」に変えても、道具そのものの機能は変わりません（電源オンは緑といった機能色は別）。しかし、〝ヘドノミクス〟（ギリシャ語で楽しさを意味する「ヘドン」と法則を意味する「ノモス」をあわせた造語）を提唱する米国のハンコック教授（認知人間工学）は「個人的相互作用の効率と楽しさを最大限にするために個々人が自分の道具をカスタマイズする

こと」を個性化と呼び、「従来型」人間工学の次に来る目標を示しています。個性化の要素がある職場はヘドノミック職場といえ、生産性も上がるかもしれません。

また快適という概念とは多少異なりますが、近年、座りすぎによる健康影響が注目されるようになっています。立位でも仕事ができる昇降式作業机を導入する企業が増えており、職場のみならず、アメリカでは小学校の生徒用にも導入されています。これは一見、

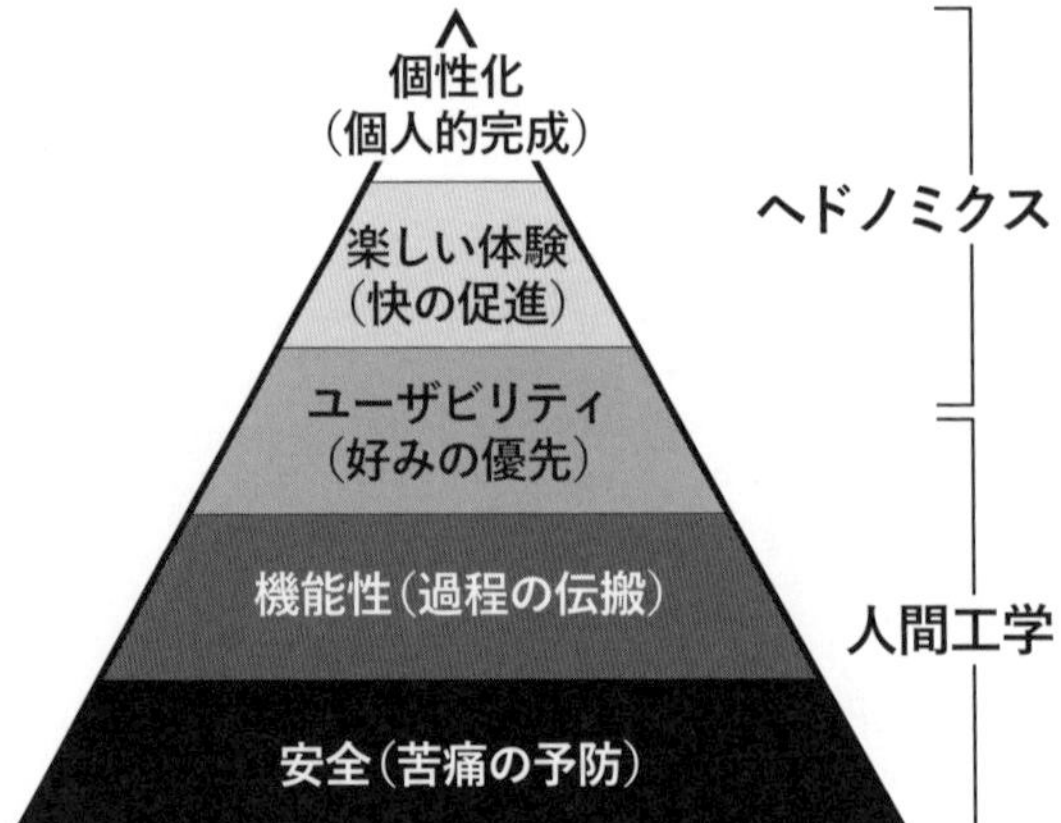

「疲労が少ない人間工学的」オフィスに逆行するような取り組みに思えますが、腰痛予防などの健康の観点からのメリットは大きいようで、新しい快適職場の一つの形態といえるかもしれません。

ストレスの正体　理解を深め効果的な対策を

上田陽一

「上司とトラブルがあった」「同僚と折り合いが悪い」……。そんなストレスから心身の不調を訴える社員が絶えないと、大手家電メーカーの専属産業医を務める後輩のA先生が、研究室にやってきました。

リフレッシュを勧めたり、上司との話し合いを促したりしてはいるが、対症療法に終わっているのではないか、と言います。ストレスを感じると、脳の中で何が起こっているのかを少しでも理解したいと、熱意にあふれていました。

私は長年、生理学の研究に従事しています。ストレス研究はトピックスの一つ。早速、A先生は時間をつくっては私の研究室に足を運び、「オレキシン」という物質に着目して研究を始めました。

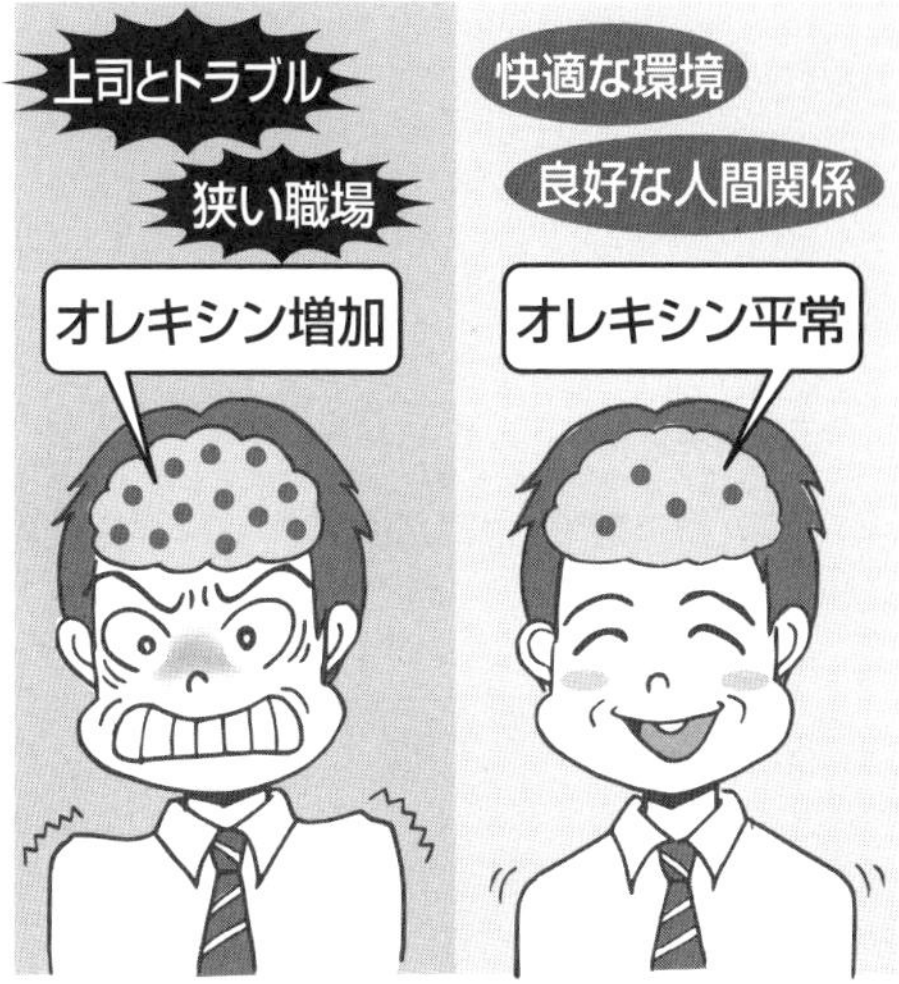

オレキシンは、櫻井武先生（筑波大学国際統合睡眠医科学研究機構・副機構長）らによって発見された新規ペプチドです。脳内の摂食中枢として知られる視床下部外側野にオレキシン産生ニューロンの細胞体が局在すること、動物の脳室内にオレキシンを投与すると摂食を強力に促進することから、ギリシャ語のorexis（食欲の意）を語源としてorexin（オレキシン）と命名されました。オレキシンは、A、Bの2種類があり、受容体も1型と2型の2種類があります。

オレキシンは、脳の奥底にある視床下部の神経細胞で産生され、睡眠や食欲を制御します。例えば、オレキシンが増えると、食欲が増し、脳の覚醒状態が続きます。逆に、オレキシンが欠損すると、日中に過度の眠気と脱力発作を生じるナルコレプシーという睡眠障害を引き起こすことが分かっています。目がぱっちりする、血圧が上がるなど、生理学で「闘争か逃走」と呼ばれる生体反応にも大きく関与しているのです。

A先生はラットでの動物実験で、狭い空間などストレスを感じる環境に置くと、オレキシンが増え、高血圧や過食・食欲低下などの反応を引き起こすストレスホルモンを分泌させることを突き止めました。この結果から、ストレスの多い職場で働く人の脳内でも、オレキシンが増えているのではないかと考えています。

こうした成果を共有しようと、A先生は看護師や保健師、人事担当者、安全衛生委員会メンバーなどとの勉強会を始めました。ストレスについての理解を深めることで、より効果的な対策を目指しています。

快適な労働環境を整えたり、仮眠を取ったりすることで、オレキシンをコントロールできるかもしれません。漠然とストレスに不安を抱く人も多いようですが、例えばオレキシンという物質のバランスを良くするには…と考えれば、対策が思いつくかもしれません。職場では、このように行動療法を考えることが必要だと思います。

最近、オレキシン受容体の拮抗薬として開発されたスボレキサントという薬剤が不眠症の治療薬として処方されるようになりました。2種類あるオレキシン受容体へのオレキシンの生理作用を遮断することで、これまでの眠剤とは全く異なった機序で睡眠を促すのだそうです。行動療法では対処が難しい場合には、薬物療法も含めて考えてみてもよいかもしれません。

第2章

生活習慣や疾患別に診る予防・改善事例

睡眠負債

自覚なく心身へ悪影響も

藤木通弘

高木智さん（49）＝仮名＝はここ数年の定期健康診断でいつも血圧高め、血糖値や体格指数（ＢＭＩ）など糖尿病リスクを示す値もやや高め。会社の保健師の健康指導を受けています。

仕事は製造業（従業員数７００人）の事務。健康のため、食生活や運動などに気を使っているのですが、この調子では治療が必要になりかねないと、少し心配になっているところです。

自分と同じように「血圧高め、健診結果もボーダーラインぎりぎり」という同僚が、妻に大きないびきを指摘されて睡眠クリニックを受診。睡眠時に筋肉が緩んで気道がふさがれて呼吸が止まってしまう「閉塞《へいそく》性睡眠時無呼吸」と診断されました。同僚は

睡眠障害の治療を始めてから、健診結果が改善したそうです。ただ、高木さんはいびきもかかないし、自分に睡眠の問題は関係ないだろうと考えていました。

実は、高木さんのように明らかな睡眠障害はなくても、健康や仕事に悪影響を及ぼす睡眠の問題があります。２０１７年の新語・流行語大賞でトップテンに選ばれた「睡眠負債」です。睡眠負債とは、必要な睡眠時間に対し、実際の睡眠時間が不足している状態が続き、その結果、まるで借金のように心身への悪影響が積み重なっている状態です。

高木さんも通勤電車や会議の席で居眠りすることが多く、日中も決して仕事の効率が良いとは言えない状況でしたが、本人に自覚はありません。もし危険を伴う作業中に居眠りしてしまうと、重大な事故を引き起こす恐れもある状態です。

睡眠時間7時間を基準とした場合、基準より短ければ短い人ほど死亡率が高く、女性の場合は肥満のリスクも高まることが報告されています。糖尿病やうつのリスクなども同じ傾向があるとされ、睡眠時間が短い人は仕事の効率が低下したり、ミスが起こりやすくなったりするだけでなく、心身の健康もむしばまれているのです。

高木さんは、健康管理室の勧めで産業医と面談しました。次項では、睡眠負債を軽減するための産業医のアドバイスを紹介します。

睡眠不足の悪影響

このグラフは米国のKripke博士らが報告した、睡眠時間と死亡率の関係を示したものです。睡眠時間が7時間の場合を1とした場合と比べた倍率で表されていますが、睡眠時間が短くなればなるほど、死亡率は高くなります。死亡率と同様に肥満度や糖尿病などのリスクについても同様の傾向が報告されています。なお、長い睡眠時間でも死亡率が高い理由は不明ですが、すでに体調が悪く睡眠時間を長く必要としている人々が含まれている可能性が考えられています。

睡眠時間と死亡率

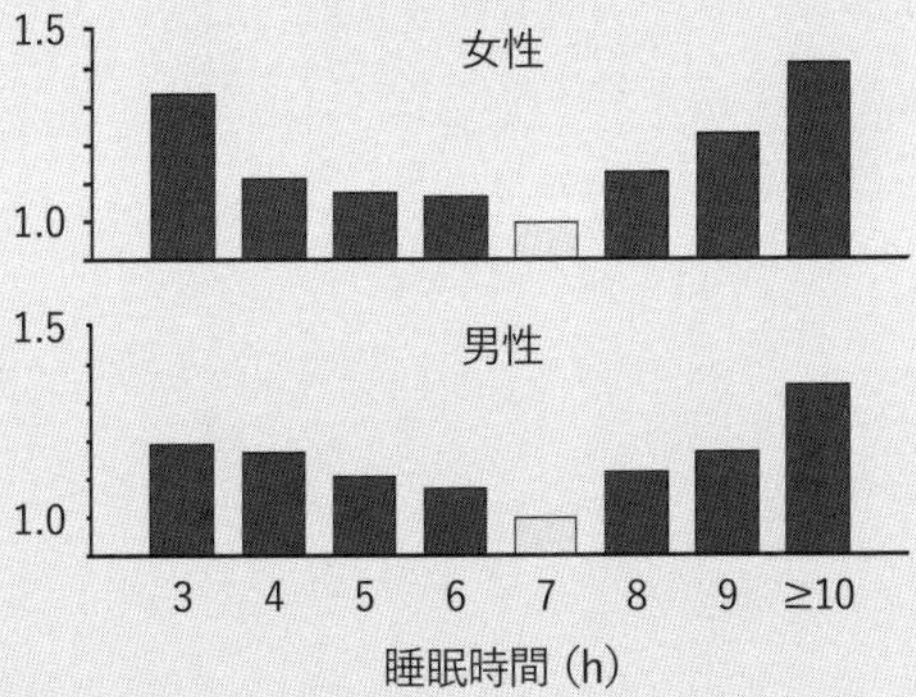

睡眠の重要性

規則正しい生活を意識して

藤木通弘

睡眠時間が足りない状態が続き、健康への悪影響が積み重なる「睡眠負債」。高木智さん(49)=仮名=は睡眠負債を抱えた状態だと指摘されましたが、産業医と面談するまで自分の睡眠が足りていないとは全く考えていませんでした。

常に眠気を強く感じているわけでも、日中居眠りばかりしているわけでもありません。通勤電車や会議中にうとうとしてしまうのは特別なことではないと思っていました。出勤日の朝はいつも6時半に起床し、夜は家族とのだんらんやテレビを楽しみ、インターネットのチェックなどをすると、就寝時間はほとんど午前1時ごろ。睡眠時間は約5時間半になります。

産業医に伝えると「睡眠時間としては、ずいぶん短いかもしれませんね」と言われ

ました。それでは、どのくらいの睡眠時間が良いのでしょうか。睡眠負債は自覚されにくいため、日中に眠気があるかどうかは当てになりません。休日と平日の起床時間に差があるかどうかが最も良い目安となります。休日に起床時間が数時間遅くなるのは、平日の睡眠が足りていない証拠です。

高木さんも休日は時々、昼近くまで寝ていたので心当たりがありました。産業医からは「不足した睡眠を取り返すために、週末にいつもより長く睡眠を取ってしまうわけですが、そのくらいでは睡眠負債を解消できません。最も大事なのは日頃から睡眠が十分足りるような習慣を付けることです」と助言されました。

厚生労働省の労働者健康状況調査（２０１２年）によると、日本の労働者で7時間以上睡眠を取っている人は全体の15％程度。８割以上が睡眠が足りていない状況のようです。睡眠負債の解消には、休日も平日と同じ時間に起床▽眠くなれば寝る――という規則正しい生活が大事です。

しかし、高木さんは産業医の助言を聞いても、習慣を急に変えるのは難しいと感じています。実効性のある働き方改革のためには、私たち働く者自身も「十分な睡眠時間の確保は重要だ」と、睡眠に対する意識を大きく変えていく必要があるのかもしれません。

起床時刻は一定に

私たちの体の全ての細胞の働きはおよそ24時間の周期で変化しています。これを概日リズムといいます。しかし、バラバラに細胞が働いてしまうと、体の中のさまざまな臓器や器官が適切な関係を保ちながら働くことができません。例えば、体の修復などで細胞が増える必要があるときには、それを助けるホルモン分泌のタイミングを合わせる必要があるわけです。哺乳類である私たち人間の場合、こういったタイミングを合わせるために、脳の中の視交叉上核という場所の神経細胞がオーケストラの指揮者のように、全ての細胞のリズムの調和を取っていることが知られています。この視交叉上核自身のリズムは、起床時に浴びる太陽の光によってリセットされるので、私たちが規則正しく生活するためには、起床時刻を一定にすることがとても重要です。

ところで、厚生労働省が策定した「健康づくりのための睡眠指針2014」には、このような概日リズムに関する情報を含め、健やかな眠りのための情報が満載です。ご存知のない方は、ぜひご一読を（https://www.mhlw.go.jp/file/06-Seisakujouhou-10900000-Kenkoukyoku/000047221.pdf）。

睡眠時無呼吸症候群

検査で早期発見、治療で安全確保

上田陽一

10年以上前ですが、新幹線の運転士が居眠りして停車駅を通過してしまったというニュースを覚えていますか。運転士が、睡眠時に断続的に呼吸が止まる「睡眠時無呼吸症候群（SAS）」だったことをきっかけに、この疾患名が一般に知られるようになりました。

睡眠の質が下がり、列車の運転中に激しい眠気に襲われると、重大事故につながりかねません。首都圏の鉄道会社で産業医を務めるB先生は対策に注力しました。まず2万人を超える従業員に啓発ビデオを見てもらいました。その上で「日中に眠気があるか」「就寝中にいびきをかくか」などのアンケートを実施。SASが疑われる従業員には専門医の受診を促しました。

もっと正確にSASの病態に迫り、早期発見する方法はないだろうか――。B先生は、大学の先輩である私に相談してきました。話し合ううち、従業員が自宅で就寝中、血中酸素濃度を簡便に測定できる装置（ホームパルスオキシメーター）を導入してみるというアイデアが出てきました。就寝中に血中酸素濃度が低下していれば、きちんと呼吸できていない恐れがあります。

早速、B先生は会社の事務方と交渉し、健康推進センターに10台を購入しました。アンケートに加え、就寝中の血中酸素濃度の測定で、ＳＡＳを見つけ出す精度が格段に向上しました。

さらに、体重や血圧などの膨大な健康診断データと、ホームパルスオキシメーターで新たに得られたデータからさまざまな解析に取り組みました。この結果、肥満や高血圧の人はＳＡＳのリスクが高く、日中の眠気を自覚していなくても、検査を受けることが望ましいと分かりました。

治療としては、就寝中にマスクを着けて空気を送り、気道を広げて呼吸を促す「ＣＰＡＰ（シーパップ）」という装置を使う方法があります。積極的に検査と治療を促したことで、日中ぼんやりしてしまうと悩んでいた従業員から「眠気が改善し、仕事の効率が上がった」という声も聞こえてきたそうです。従業員の健康はもちろん、安全も守られたのです。

睡眠時無呼吸、あなたは大丈夫？

本文で登場するSASスクリーニングアンケートは以下のような内容です。

Epworth Sleepiness Scale：日中の眠気指数

1. 座って読書をしているとき
2. テレビをみているとき
3. 公の場所で何もせずに座っているとき（劇場や会議など）
4. １時間続けて車に乗せてもらっているとき
5. 状況が許せば午後横になって休息しているとき
6. 座って誰かと話をしているとき
7. 昼食後静かに座っているとき（酒は飲まず）
8. 運転中渋滞などで２～３分止まっているとき

点数

０：決して眠くならない
１：まれに（時に）眠くなる
２：１と２の中間
３：眠くなることが多い

正常は10点以下で16点以上は重症、11～12点は軽症、13～15点は中等症と評価されます。この日中の眠気指数は睡眠時無呼吸症候群の治療効果の判定にも用いられます。SASが疑われる場合は、専門の病院を受診しましょう。SASの治療法は、原因や重症度によって異なります。自己判断をするのではなく専門医にご相談することをお勧めします。

職場の喫煙

対策徹底で全体の能力アップ

大和浩

福岡市のある保険会社は、執務室の隣の小部屋が喫煙室でした。産業医である私は「職場全体がたばこ臭い」と改善策を求めました。

私たちの実験結果では、ドアの開閉や、喫煙室を出る人の背後にできる空気の流れで煙が漏れ出ること、喫煙者の肺に残る煙が廊下や執務室で吐き出されることが分かっています。つまり喫煙室では受動喫煙は防げないのです。この会社は半年間の協議で喫煙室を撤去しました。

喫煙対策を徹底する会社も登場しています。横浜市のシステム会社は①喫煙のための離席は7分以内として、超えると罰金千円②離席中に社外から電話があると、やはり罰金千円③喫煙室では私語禁止—などのルールを設けていました。

7分間の喫煙離席が1日5回あると、年間２４０日勤務で計１４０時間、約30万円の賃金が喫煙室で失われます。本人もチームも作業効率が低下。社外からの電話に「離席」が続くと印象が悪くなる上、伝言を残す周囲の非喫煙者に余計な手間が生じます。また、複数の会社が使うオフィスビルの喫煙室では、私語から業務上の秘密が漏れる恐れもあります。こうした理由に基づくルールでしたが、全員が禁煙し、職場の空気も雰囲気も良くなったそうです。

たばこは労働災害のリスクにもつながります。ある製鉄所で、救急車の出動が必要な事故を起こした人と健康診断での喫煙歴を照合したところ、喫煙本数が1～9本の低依存者の事故率は非喫煙者より1・42倍、10～20本の中等度依存者は同1・98倍高かったことが分かりました。

また、喫煙者はニコチン濃度が下がるといらいらし、充足すると落ち着くという気分の変動を1日に何度も繰り返すため、メンタルヘルスにも悪影響が及びます。東京近郊の2770人の調査では、喫煙者のうつ病リスクは非喫煙者の約2倍です。

喫煙でアイデアが浮かぶとか、効率アップするという現象は、ニコチン切れで低下した脳の機能（無意識にサボった状態）が元に戻るだけなのです。

そもそも、喫煙による最大のリスクは本人の喫煙関連疾患です。ある会社の部長（55歳）は長年の喫煙の結果、心筋梗塞になり2週間の入院治療を余儀なくされました。先日も食道がんのために数カ月の病気療養が必要になった大物政治家のことが報道されていました。脳卒中で突然倒れ、引き継ぎを行うことができずに亡くなった方もいました。喫煙による重篤な疾患は突然やってきます。そのような事態が発生すると担当していた業務が滞ります。喫煙関連のリスクを最小限にするためには安全衛生活動の一環として取り組むことです。職場の作業環境管理として敷地内禁煙、作業管理・労務管理・快適職場として勤務日は出勤前から昼休憩を含め退勤までの喫煙禁止、本人の健康管理としての禁煙サポート・禁煙外来の受診勧奨です。実際に「喫煙者ゼロ」を掲げて2年9カ月で喫煙率25%（男性44%、女性10%）をゼロにした会社もあります。有名なリゾート会社では作業効率、施設効率、職場環境、企業競争力の観点から喫煙者を雇いません、とホームページで宣言しています。

もはや職場の机で喫煙できた時代があったとは信じられませんよね。職場全体が能力を発揮できるよう、さらに喫煙対策を考えてみませんか。

三次喫煙

明確なルールで快適な職場に

大和浩

喫煙者が吐き出す煙を吸わされる受動喫煙（二次喫煙）の弊害は定着しました。最近、別の場所で喫煙した人の呼気や衣服からのたばこ臭が話題になっています。厚生労働省は「残留たばこ成分」と定義し、医学的には「三次喫煙」という用語が使われています。

4月、奈良県生駒市は喫煙後45分間、庁舎内のエレベーター使用を禁止しました。これは私たちの研究に基づいています。数年前、奈良県内の禁煙治療で有名な大学教授に「喫煙後の息が何分ぐらいたばこ臭いか、調べてほしい」と依頼されました。屋内全面禁煙の企業に依頼し、①喫煙前②屋外で1本を喫煙直後③以後、5分ごと――に喫煙者の呼気中の有害物質濃度を測定しました。

喫煙直後は測定器が振り切れるほどで、喫煙前の濃度に戻るのに45分かかりました。これが生駒市の保健師に伝わり、今回の対策が決まったのです。「やり過ぎ」との意見もあったようですが、市役所は誰もが訪れる場所です。喫煙直後の人とエレベーターに乗り合わせると、つわりの妊婦は吐き気、化学物質過敏症や気管支ぜんそくの患者は発作の原因となり得ます。

職場で考えてみましょう。近くの喫煙者が1時間おきに吸っていた場合、呼気は一日中たばこ臭い状態。それが上司なら「臭い」とはなかなか言えません。三次喫煙は「快適な職場づくり」の妨げとなっています。

営業職や窓口担当者がたばこ臭いと悪印象も与えます。私の研究室ではたばこ臭い人は部屋に入れません。その人が帰った後でもたばこの臭いが残るからです。見積書の受け取りや領収書のサインなどの用事は廊下で済ませます。もちろん、ハッキリと「あなたがたばこ臭いからです」と理由も伝えます。ある営業マンは、次にやって来たときには洋服から消臭剤の臭いを漂わせていました。「消臭剤では消えません。口臭も原因です」と伝えたところ、その次は含嗽剤《がんそうざい》の臭いをさせてやってきました。「努力は認めますが、まだたばこ臭いです」と伝えました。その後の訪問時には、「先生、見積もりをお持ちしました」と息を吸い込みながら用件を伝えようとした姿に大笑い。「無駄な努力はやめてたばこをやめなさい」と禁煙に関する資料を渡したところ、後日、用事も無いのにやって来て、うれしそうに「先生、おかげで禁煙できました」とうれしい報告を受けました。日本人は遠慮深いので私のようなやり取りをする人は少ないと思いますが、職場全体で「あなたはたばこ臭いです」「またたばこを吸ってきたでしょ!」と指摘することは本人の気づきを促し、禁煙企図を高める効果があります。

生駒市に続いて奈良県も「喫煙後はエレベーターの使用禁止」と職員や来庁者に呼び掛けています。他の自治体や職場も取り入れてほしいものです。

急速に使用者が増えている加熱式たばこについても一言。「有害性成分を約90%低減」などとうたっていますが、小さな文字で「本製品の健康に及ぼす悪影響が他製品と比べて小さいことを意味するものではありません」とも書かれています。受動喫煙で心筋梗塞や肺がんのリスクが高まることから分かるように、たとえわずかな量でも健康に悪影響はあるのです。たばこモドキに手を出さず、禁煙外来に行くことを勧めてください。

喘息　原因となる職場環境の調整で改善

矢寺和博

加藤良治さん(31)＝仮名＝は小さい頃から特に病気もなく、食品加工会社に入社して、最初の5年は事務作業をしましたが、健康診断でも問題はありませんでした。昨年の春から食品加工工場での勤務に変わり、半年くらいたった頃から、目や鼻のかゆみや鼻水、鼻づまりの症状が出始めました。

今年の春先からは特に工場に出勤したときとその日の夜に乾いた咳が出るようになりました。風邪をひいたときは夜中に咳で目が覚めるようになり、眠れないこともしばしばあります。近所の総合病院にかかったところ、喘息と診断され、処方された吸入薬と内服薬を服用すると、次第に咳や夜間の症状は良くなってきました。しかし工場で働く日は咳が出て夜間の症状が悪くなり、休日には症状が良くなるといった繰り

返しです。職場の環境と関連しているのではないかと思い、産業医に相談しました。産業医から職場の配置転換を推奨されたため、事務作業に戻してもらったところ、症状はすっかり良くなり、そのまま仕事を続けています。

喘息ではなかった人が職場の環境因子が原因で喘息になる場合を狭義の「職業性喘息」といい、元々喘息がある人が職場の環境が原因で症状が悪くなる場合の「作業増悪喘息」と合わせて、「作業関連喘息」といいます。加藤さんは工場勤務になってから喘息を発症しているため職業性喘息ですが、いったん喘息を発症すると、治療は通常の喘息と同じです。また加藤さんのように、特に原因となる職場から別の職場への配置転換による作業環境の調整が望ましいこともあります。

加藤さんのように鼻炎や結膜炎の症状が喘息の発症に先行することも多く、職場の影響で症状が出始めた際には喘息を発症する可能性がありますので、注意が必要です。

喘息の治療は基本的には吸入ステロイド薬が中心となりますが、多くの種類の吸入薬、内服薬、注射薬がありますので、呼吸器内科やアレルギー科の専門医に相談しましょう。また働く環境と症状との関連についても気を付けて考えてみましょう。

じん肺

歯科医院などの粉じんに要注意

森本泰夫

坂田真奈美さん(27)=仮名=は3年前から歯科技工士として歯科医院で働いています。主な仕事は入れ歯を削って加工すること。削る際、細かな粉じんが舞うのが気になり、同僚と市販の紙マスクを着けて作業していました。粉じんを吸引する簡単な排気装置もありましたが、装置に入れ歯の粉じんが残り、十分に排気できているのかよく分からない状況でした。

最近になって、散歩したり、少し重い物を持ち上げたりしたとき、軽い息切れを感じるようになりました。運動不足かもしれないと思っていたのですが、徐々に息切れがひどくなったので、思い切って受診しました。

検査の結果、じん肺と診断されました。一般的にじん肺は作業開始から10年以上で

発症しますが、坂田さんは3年という短期間に発症してしまいました。

　その後の調査で、入れ歯の加工材料には「結晶質シリカ」「インジウム」「コバルト」などの肺障害を引き起こす物質が含まれていたことが判明。これらは深刻な肺障害の原因となるので、通常の粉じんに比べ、100分の1〜1万分の1のごくごく低濃度で厳しく管理されなければなりません。

　つまり、この歯科医院で入れ歯加工時に使用している排気装置や紙マスクでは、対策が不十分でした。使っていた物質の濃度も肺に障害を及ぼすほど高く、短期間でじん肺を発症してもおかしくなかったのです。

歯科医院は産業医の指導で、高性能の排気装置を設置した上で、歯科技工士には高性能の粉じんマスクを着用させ、定期的な健康診断も義務付けました。坂田さんは事務担当に替わりました。

坂田さんのように、粉じんを吸うことでじん肺や肺がんになるような作業は今もかなりあります。近年、さまざまな素材が開発され、多様な用途に使われるようになりました。新しい物質の中には、人体に障害を及ぼすリスクが大きい物質もあります。働く人の健康を守れるのか、どのような対策が必要なのか。特に、新しい化学物質を使う際は、産業医との安全性の検討が必須です。

粉じんが舞う職場を改善する三つのポイント

産業医が粉じんが舞う作業場を改善する際に行う三つのポイントがあります。

一つ目は作業環境を改善すること（粉じんの発生を少なく、またはゼロにすること）、二つ目は作業者自身が必要以上に粉じんにばく露されない状況にすること（保護具をつけたり、発生した粉じんのばく露を回避する姿勢をとることなど）、三つ目は作業者の健康状態を把握することです。

今回の場合、一つ目の作業環境の改善は、高性能の排気装置を設置したこと、二つ目の作業者自身のばく露回避は、高性能の粉じんマスクを装着したこと、三つ目の健康状態の把握は、健康診断を義務付けたこと、健康状況も考慮して、粉じん作業のない仕事への転換を行ったことが該当します。

他の粉じんを取り扱う職場でも同様に三つのポイントを中心として対策が行われています。

慢性閉塞性肺疾患

禁煙などの生活習慣で予防を

矢寺和博

江藤博さん（76）＝仮名＝は、高校を卒業して小さな建設会社に入り、65歳まで働きました。20歳からたばこを吸い始め、ホコリっぽい仕事もしましたが、健康診断では異常はありませんでした。

数年前から動くと息切れがあり、右胸も痛いので、総合病院にかかりました。胸部CTでは「肺気腫と右胸の胸膜が厚くなっている」との説明を受け、呼吸機能検査で「慢性閉塞性肺疾患《まんせいへいそくせいはいしっかん》（COPD）」と診断されました。気管支拡張薬の吸入薬を処方され、呼吸はだいぶ楽になりました。入院して右胸の厚くなった胸膜の検査をしたところ、「悪性胸膜中皮腫《あくせいきょうまくちゅうひしゅ》」との診断でした。担当医から詳しく過去の職業歴や粉じんばく露歴を聞かれました。若いときにマスクを付けずにアスベスト（石綿）の吹き付け

作業をしていたので、それが原因で悪性胸膜中皮腫になったのではないか、と説明されました。

アスベストは繊維状の鉱物ですが、間質性肺炎の一種の石綿肺や胸膜中皮腫などの病気を起こします。悪性胸膜中皮腫の診断には若い頃からアスベストを吸入しているなど働く環境の情報が非常に重要で、手術や抗がん剤などで治療しますが、根治は難しい病気です。

アスベストはいったん吸入するとずっと肺に溜まるため、吸入しないように予防するしかありません。産業医は危険な物質について職場の作業環境を管理して予防します。また、悪性胸膜中皮腫には労災や環境省の救済措置などの社会保障制度があります。

ＣＯＰＤはたばこを吸って（ばく露）、肺がスカスカになり（肺気腫）、気管支が細くなって苦しくなる肺の病気です。呼吸機能検査で診断され、気管支拡張薬で治療すると息切れは良くなり、さらに禁煙で予防可能です。また、アスベストなどの職場のばく露とたばこを両方吸ってしまうと悪い相乗効果がありますが、産業医はこのような禁煙などの生活習慣についても助言してくれます。

腰痛　できることから早めの対策

泉博之

国民の約8割が一生に一度は腰痛を経験するといわれます。程度によっては将来的に寝たきりの原因になる可能性もあり、実は侮れないものです。

酒田宏さん(46)=仮名=は、大手機械加工メーカーに勤める腕の良い溶接工。ほぼ毎日、機械部品を溶接で組み立てています。「最近、腰回りがだるく、時々痛みも感じます」と相談がありました。「ひどくなると、痛みで仕事に集中できず、溶接作業が雑になったり、悪影響が出たりしないだろうか」とも心配していました。

私は早速、酒田さんの職場と作業内容を視察しました。重い部品を床に置き、下向きで前かがみの作業が多くなりがちでした。すぐに腰痛の原因が作業姿勢にあると判断できました。

私は、部品を溶接する作業位置の高さを調整できるよう、電動昇降台の導入を会社に進言しました。これにより、酒田さんは作業姿勢が改善すると同時に、腰のだるさや痛みも軽減したそうです。

「若い頃は何ともなかったのに…」とぼやく酒田さん。人間の骨格の強度は加齢に伴って低下し、40代を境に劣化が顕著になってきます。このため、姿勢や動きによっては、自らの上半身の重さだけでも腰痛になる恐れがあり、年齢と共にリスクは高まります。

例えば、職場で起こる腰痛の主な要因は①重量物の取り扱い②前かがみ、しゃがむなどの不良姿勢③同じ動作の繰り返し④長時間、同一姿勢の保持―などがあります。重い物を扱うときは支援機器を使う▽姿勢改善には作業位置・高さの調整や十分な作業空間の確保▽繰り返し動作や同一姿勢保持には連続作業時間と休憩時間の配分を見直す、といった対策を最初に検討すべきです。

どんなことでもできることからやってみましょう。腰痛は、痛みそのものは我慢できても、痛みに伴う品質や生産性、安全性などへの悪影響が懸念されます。従業員が若くても、痛みを訴えていなくても、早め早めの対策が重要であることは言うまでもありません。腰は体の要、大事にしましょう。

シンプルルールで腰痛予防

職場における腰痛予防対策において、職場改善は有効な手法ですが、一度出来上がってしまった仕事の方法を変えることはなかなか難しいことです。できれば、最初に作業方法を決める際に、腰痛の原因をできるだけ含まない作業ができるようにしておきたいものです。

そこであらかじめ、「対象物を一時的に床に置かない」「立ち作業の際の手の位置は、体の正面で胸から腰の高さにする」といった腰痛予防に関連する簡単なルールを決めて（難しいルールは形骸化しやすいので要注意！）、生産技術・安全衛生・作業者などの関係者が話し合って、できるだけ実現するような作業方法を作り上げることをお勧めします。このようなルール作りのヒントとなる情報として、国際労働機関（ILO）提供の無料携帯アプリ「人間工学チェックポイント」（iOS版・Android版）が利用できます。

リウマチ 関節が壊れる前に早期の投薬治療がお勧め

田中良哉

「仕事を休んだ方が良いのでは？」。工場に勤める佐藤恵理さん（37）＝仮名＝は、ついに上司に言われてしまいました。

1年前、朝の手のこわばり、手足の関節の痛みと腫れが生じました。近くのクリニックで「関節リウマチ」と診断され、合成抗リウマチ薬の一つ、メトトレキサートを服用するようになりました。最初は効いたのですが、疲れやすさやだるさも感じるようになっていました。上司の勧めで産業医に相談し、大学病院の受診を勧められました。

「1年前まで普通に仕事していたのに」と佐藤さんが嘆くほど、病状は進んでいました。手、手指、足など10カ所以上の関節が腫れ、関節エックス線写真では、一部で骨が溶け始めていました。そこで、メトトレキサートを増量し、3泊4日の入院で生

物学的製剤のバイオ抗リウマチ薬を処方したところ、1週間後には関節の腫れや痛みがうそのようになくなって、翌月から仕事に復帰。「私の人生が戻ってきた」と喜ばれました。

関節リウマチの患者数は約100万人といわれ、30〜50代の働き盛りの女性に多い病気です。佐藤さんのような関節症状に加えて、倦怠《けんたい》感など全身のさまざまな症状を伴います。発症と同時に関節破壊も始まり、変形してしまうと元には戻りません。関節が壊れる前に適切な治療を始めることが重要です。

この病気は外からの菌などをやっつけるリンパ球が誤って自分の体を攻撃し、全身の関節などで炎症を起こす自己免疫疾患です。このため、免疫異常を抑え、関節の炎症を制御する抗リウマチ薬が治療の中心となります。まず服用するのはメトトレキサート。効果が不十分な場合、点滴や注射のバイオ抗リウマチ薬や内服のＪＡＫ阻害薬が追加されます。

こうした画期的な治療薬の登場により、徹底的に病勢を抑え込んで寛解に導けるようになりました。高価ですが、病勢が強く、仕事がある人には特に勧めています。佐藤さんの場合、早期に産業医に相談できたことが功を奏しました。かつて仕事や生活を奪っていた病気も適切な治療を受けられれば、普通に働き、普通に暮らせるのです。

リウマチ患者の働き方改革

関節リウマチは30～50代の働き盛りの女性に多い病気です。多関節の痛みとはれ、倦怠感、変形などによって、日常生活のみならず働き方（労働生産性）も損ないます。そこで、産業医科大学第1内科学が中心となり、全国80施設の先生にご協力いただき、バイオ抗リウマチ薬と合成抗リウマチ薬の労働生産性に及ぼす影響を検討しました。

724人の関節リウマチ患者を登録し、バイオ抗リウマチ薬、合成抗リウマチ薬のいずれかで52週間治療しました。その結果、賃金労働者および家事労働者の労働生産性は、いずれの治療でも改善しましたが、バイオ抗リウマチ薬の方が前者では約19%、後者では約22%改善しました。適切な治療により、疾患活動性のみならず働き方の質や量も改善されることが示されました。

転倒しない運動能力を身に付ける

酒井昭典

「まさか自分が骨折するとは思いませんでした」。食品加工工場内のちょっとした段差につまずいて転倒し、手首を骨折した田中琴江さん（58）＝仮名＝が外来の診察室で嘆いていました。今回、手術を受けましたが、術前に行った骨密度検査で骨粗鬆症《こつそしょうしょう》であることが判明し、「骨粗鬆症による骨折」という説明にショックを受けていたようです。

骨の強度が低下し、軽微な外力でも骨折しやすくなった状態のことを骨粗鬆症といいます。その原因には、加齢、閉経、生活習慣（運動不足、食生活など）、喫煙、飲酒、関節リウマチやステロイド薬の使用などがあります。特に加齢による骨密度（骨の量）の低下は、程度の差はあっても誰にでも起こり得ます。骨粗鬆症による代表的

骨粗鬆症患者に生じる3大骨折

な骨折には、橈骨《とうこつ》遠《えん》位《い》端《たん》骨折（手首の骨折）、椎体骨折（背骨の骨折）、大腿骨近位部骨折（足の付け根の骨折）があります。

女性は、閉経後のホルモンバランスの変化により急激な骨密度低下をきたすことがあります。田中さんは、地方自治体で行われている骨粗鬆症検診を一度も受けたことがありませんでした。まずは自分の骨の状態を把握しておくことが大切。骨粗鬆症と診断されれば、治療を受ける必要があります。

中高年の骨折には骨粗鬆症とともに転びやすさが関係しています。田中さんは普段の運動不足を後悔していました。転倒しないように、日常生活で運動習慣を身に付けるとともに、職場でも始業前に体操の時間をつくることが大切です。

田中さんが今回骨折したことは不幸なことだったかもしれません。ですが、会社の産業保健スタッフの協力もあり、仕事にも復帰できるとのこと。これを機会に、運動習慣を身に付け、骨粗鬆症の治療をして丈夫な骨をつくっておけば、今後の人生でさらなる骨折を防止することができ、十分に働けて、将来寝たきりにならなくて済むと思います。今回の経験を無駄にせず、今後の人生に生かすことができるのです。

骨粗鬆症の検査と治療

わが国の骨粗鬆症患者数は1280万人と推計されています。近年、骨粗鬆症による骨折への対策は医療上のみならず社会的にも重要な課題となっています。骨折を予防するためには、まず自分が骨粗鬆症かどうかを知ることが大切。骨粗鬆症の診断は、若年成人（20～44歳）の骨密度の平均値（YAM値）との比較によって行います。骨密度がYAM値の70％以下であれば骨粗鬆症と診断されます。また、椎体骨折あるいは大腿骨近位部骨折を起こした方は、骨密度に関係なく骨粗鬆症と診断されます。

二重X線吸収法（DXA法）などいくつかの骨密度測定法がありますが、どれも痛みなく簡便にできます。骨粗鬆症の治療には、食事療法、運動療法、薬物療法などがあります。薬物療法については、作用機序の異なるさまざまな薬剤が開発されており、骨密度を上昇させ、骨折発生を抑制することが可能です。

熱中症　多彩な視点から予防策を

堀江正知

近頃、夏の暑さが厳しくなり、働く人たちの熱中症リスクが高まっています。

暑さが原因の脱水や高体温に伴って、吐き気やめまいなどの症状が現れるのが熱中症。症状がなくても脳血流が減って仕事の質や効率は低下し、体温が40度を超えると生命の危機となりかねません。多発するのは建設業や農業、警備業などの屋外作業ですが、冷房が切れたビル内での清掃や倉庫内での運搬など、屋内でも危険はあります。

予防策はあるのでしょうか。産業医は①環境②仕事③体調―の三つの視点で対応しています。まず、暑さの原因を分析して環境を改善します。屋外なら日陰をつくり、太陽熱を遮断。外出時は帽子や日傘、うちわを携行する。屋内なら空調で気温と湿度を下げ、扇風機で風を送る。

次に、仕事による身体への負担を下げる工夫をします。体を使う作業は涼しい時間帯に変更し、何人かで分担し、衣服の中への風通しを良くします。水をかぶってぬれタオルを首や頭に巻けば、汗の代わりに水が蒸発して体の熱を奪うので効果的。連続した作業時間を短縮し、こまめな休憩で水分補給と体温回復を心掛けます。急に気温が上がるという予報があれば、作業計画を見直すことも大事です。
最後に個々の体調への配慮。体調不良を我慢せず、申し出やすい雰囲気をつく

りましょう。日頃から汗をかく生活をしていれば、暑さに強くなります。加齢や糖尿病などの持病、肥満、睡眠不足は暑さへの抵抗力を弱め、酒の飲み過ぎと朝食抜きはもってのほかです。

また、早期発見と救急処置も重要です。めまい、吐き気、頭痛、手足がつるといった症状は軽い熱中症かもしれません。頭がぼーっとするときは、しばしば体温が38度を超えています。普段と様子の違う人がいたら、積極的に声を掛け、日陰で休ませてスポーツ飲料を渡して様子を見ましょう。自分でふたを開けて飲めるなら様子を見ていいですが、自力で飲めないようならただちに救急搬送してください。

熱中症が生じやすい条件には、気温、湿度、太陽などの放射、風の四つが関係します。これらを総合した指標であるＷＢＧＴ（暑さ指数）が28℃以上になると、熱中症が増えることが分かっています。酷暑を健康に乗り切る知恵も職場に求められます。多彩な視点とアイデアで、無知と無理による熱中症を防ぎましょう。

熱中症予防のために
改善すべき職場要因

1. 暑熱な環境（炎天下、炉、蒸気）
→屋根･遮熱板･通風･送風･暑い時間帯の回避
2. 身体負荷の高い作業
→機械化・分業・交替制
3. 拘束時間の連続
→こまめな休憩･時間のゆとり（特に作業初期）
4. 通気性・透湿性の低い服装
→首回りの開放・天然素材・ゆったりした着こなし
5. 水分・塩分の摂取不足
→飲料や塩の供給･作業開始前からの定期摂取
6. 休憩場所の整備
→風通しの良い日陰・空調・冷蔵庫・給水設備
7. 管理体制の整備
→担当者選任・体調確認・救急処置の教育

うつ病

期待に応えようとする「過剰適応」をやめよう

吉村玲児

「うつ病」という言葉を知らない人はいないでしょうが、定義を正しく理解している人は少ないようです。うつ病は疲労感や絶望感、自殺願望、食欲や性欲の低下、頭痛など、心身ともに症状が現れます。

古川篤志さん(48)=仮名=は中学教諭。担任以外に野球部顧問も務めています。週末も練習試合で家族とゆっくり過ごす時間はありませんでした。4カ月前から集中力がなくなり、いらいらすることが増えました。いつもより早い朝5時に目が覚めてしまい、食欲もなくなりました。眠れないので寝酒をし、いつも胃が重たく、下痢もします。授業準備には今まで以上の労力を要し、体重は5キロも減りました。

本人も家族も心配して、人間ドックで精密検査を受けましたが、異常はありません。

それでも症状は全く改善しません。特に朝は症状が重く、ついに2週間前から学校に行けなくなりました。本人をよく知る校長が「うつ病ではないか」と心配し、精神科受診を勧めました。

古川さんは典型的なうつ病でした。彼のように、責任感が強く、きちょうめんで繊細で神経質なタイプは周りからの依頼を断ることができません。上司や同僚の信頼は厚く、生徒や保護者にも慕われており、無理してでも周囲や自らが描く「理想」通りに振る舞おうとします。

これを精神医学では「過剰適応」と呼びます。社会に適応して生きることは好ましいことです。しかし、過剰適応は長くは続かず、古川さんのように破綻してうつ病を発症してしまうこともあります。

「無理して顧客や周囲に合わせる」「全ての人に満足してもらいたい」…。過剰適応する会社や職場では、働く人たちにも過剰適応を要求しがちです。働き方改革では、長時間労働だけに焦点を当てるのではなく、過剰適応をやめるという視点も必要ではないでしょうか。

時には周囲の期待を裏切ることも必要でしょう。がむしゃらに全速力で走り続けるのではなく、適度な休憩を取りながら、人生という長い道のりを個々のスピードで走りたいものです。

うつ病は精神症状ではなく身体症状で気付く

うつ病という病気は気分の障害です。つまり、憂うつな気分や楽しめないといった症状が大きな特徴です。しかし、実際に患者さんが最初に感じる体調の変化は、不眠、食欲低下（食欲は亢進する場合もある）、倦怠感、頭痛、肩こり、めまい、下痢・便秘という身体症状が多いのです。特にメランコリー型うつ病では、この傾向が強いようです。

もう一つ、うつ病を診る上での重要点は、比較的若い年齢（20～30代）で発症した場合には、経過中に躁状態が出現することが多いことです。その場合には診断は、うつ病から双極性障害（躁うつ病）へと変更になり治療法も異なります。

視覚障害 専門訓練や環境整備で復職OK

近藤寛之

「目が見えないと本当に困ります」。食品メーカーの工場で働く中島慎二さん（50）＝仮名＝が訪ねてきました。40歳のとき、健康診断で糖尿病が見つかりましたが、内科で治療を受けることなく放置してしまったそうです。

2年前、急に左目が見えなくなり、眼科で重症の糖尿病網膜症だと判明しました。その後、両目とも徐々に視力が低下。現在、左はほとんど見えず、右も眼鏡を掛けても書類の細かい字が見えないため、休職中でした。産業医との面談で「白くかすんで見づらい」「段差が分かりにくく、つまずきやすくなった」などと打ち明け、私がいる「ロービジョン外来」の受診を勧められたそうです。

ロービジョンとは矯正しても視力0・3以下、視野障害などがある人を指します。大

学病院などの眼科に、日常生活や職場でのアドバイスをする専門外来が設けられています。

中島さんは、まぶしさを軽減する遮光眼鏡や事務作業用の老眼鏡を処方され、視覚障害者手帳の取得を勧められました。「整理整頓された環境での復職が望ましい」「パソコンソフトや拡大鏡などの道具を使えば事務作業もできる」といった助言も受けました。

復職に向け、眼科で紹介された専門の訓練施設で白杖歩行を訓練、拡大読書器やパソコンの拡大ソフトなどの使い方も学びました。前向きになった中島さんに「復職OK」の判断が出ました。職場では工場への単独立ち入りや危険作業を控える措置が取られ、無事復帰したと聞いています。

このケースは環境整備によって働き続けることができた好例ですが、復職に際しては勤務中の移動で支障が出ることも少なくありません。特に、通勤手段の確保や職場内での移動に関する支援は課題の一つです。

国内の失明者20万人に対し、ロービジョンの人は正確な統計はないものの、150万人ともいわれ、支援の必要性が高まっています。職場復帰には本人の努力も大切ですが、産業医や眼科医、訓練施設の方々との連携がとても重要です。

視覚障害や就労支援に関して役立つインターネット情報源

本文に関連して、以下のインターネットサイトをご覧になると有用な情報を得ることができます。

●目の病気に関する情報

1. 公益財団法人日本眼科学会「目の病気」
   http://www.nichigan.or.jp/public/disease.jsp

●ロービジョンケア施設（外来）に関する情報

1. 公益社団法人日本眼科医会
   「ロービジョンケア施設」
   https://www.gankaikai.or.jp/lowvision/
2. 日本ロービジョン学会
   「会員が勤務する医療機関のリスト」
   https://www.jslrr.org/low-vision/institutions/

●視覚障害者の就労に関する情報源

1. 社会福祉法人日本視覚障害者団体連合
   （旧・日本盲人会連合）
   http://nichimou.org/
2. NPO法人タートル
   （中途視覚障害者の復職を考える会）
   http://www.turtle.gr.jp/

老眼　老化による見え方の変化に気を付けよう

永田竜朗

毎日同じように働いているつもりでも、年を取るに従い見えにくくなったり目の不調などを感じたりする人は多くなります。

染谷翔子さん（48）＝仮名＝は電機メーカーの経理部に勤めていて、職場では主にパソコン作業をしています。最近、頭痛がひどくなり、内科や脳外科で検査をしましたが異常はありませんでした。その後、目の疲れや痛みも感じてきたため、眼科を受診しました。遠見（5メートル）の視力検査では1・0でしたが、近見（30センチ）視力は0・5と低下しており、老視（いわゆる老眼）と診断されました。染谷さんはそれまで目には自信があり眼鏡もかけたことがなく、近見用眼鏡（いわゆる老眼鏡）を使用するのにとても抵抗がありましたが、産業医に紹介された眼科医から推奨された通りに使って

みると頭痛や目の痛みが消失し、今では必需品となっています。
そもそも眼球の中にあるレンズ（水晶体）は、厚くなったり薄くなったりすることでピント調節（焦点調節）をしています。しかし年齢とともに水晶体の弾力性がなくなってきます。これが老眼の原因です。老眼はピント合わせをする目の筋肉（毛様体筋）の力が衰えてくるためと思われていることが多いようですが、これは誤解で、水晶体自体が伸び縮みできなくなるために焦点調節ができなくな

ります。

実は10歳代から水晶体の弾力性は低下していますが、40～50歳くらいで近くから遠くまで焦点調節するために必要な最低限の伸び縮みができなくなります。またこの頃は毛様体筋が無理に頑張ろうとするので、眼痛や頭痛、肩こりなどを感じることが多いです。きちんと合った眼鏡を作業に合わせて上手に使うことで、そういった症状が出ないようにすることができます。水晶体はさらに60～70歳になると、弾力性が失われるだけでなく濁りを生じてきます。これが（老人性）白内障です。つまり老眼と白内障は深い関連があります。

感覚における視覚からの情報入力は80％以上といわれています。目を守るため年に一度は眼科検診を受けましょう。

インフルエンザ
出勤停止基準や在宅勤務の仕組みづくりを

斎藤光正

皆さんの職場では、インフルエンザにかかったときにきちんと休むことができますか?

商社勤務の小川翠さん(34)=仮名=は昨年、インフルエンザにかかりましたが、結局1日も休まず出勤したそうです。「私にしかできない事務処理があるので、休むと迷惑を掛けそうで。それに職場全体がなんとなく休みづらい雰囲気だし…」

小川さんが発症する数日前には、近くの席の同僚が、高熱がありそうな真っ赤な顔で勤務していたそうです。職場で感染した可能性が高く、もしかしたら小川さんも職場で誰かにうつしたかもしれません。

企業が感染症対策を講じることは従業員を守るための義務ですが、実はそれだけで

ゴホ
ゴホ
インフルエンザにかかったら自宅で休もう!

はありません。感染症が職場内で流行すると欠勤者が増え、場合によっては経営に影響を及ぼす事態となります。また、営業マンが罹患《りかん》すると取引先でまん延させてしまう恐れもあります。企業経営や社会的責任という観点からも対策は欠かせないのです。

インフルエンザは学校保健安全法では、発症後5日を経過し、解熱後2日（幼児は3日）を経過するまで出席停止と定められています。しかし、職場における法令はありません。感染拡大を防ぐには、学校に準じた出勤停止基準を企業内で明確化しておくことが望まれます。

また、ワクチン接種の推奨、流行期のマスク着用、手洗い・アルコール消毒の徹底、通勤ラッシュを避けた出勤、症状があるときの速やかな医療機関受診といった取り組みが必要です。対面会議を中止したり、食堂を閉鎖したりと従業員同士の接触機会を減らす配慮も重要です。

社会人でもインフルエンザにかかったときは出勤しないのが常識という社会を目指しましょう。そのためにも、普段から業務をお互いに代行できる体制や、在宅勤務ができる仕組みをつくることを検討してみてはいかがでしょうか。

「うつさない」「かからない」

インフルエンザには飛沫感染と接触感染とがあります。

感染者が咳やくしゃみをするとウイルスを含む目に見えない水滴が１～２㍍飛びます。これを別の人が直接吸い込むと感染します。これを飛沫感染といいます。インフルエンザにかかると発症前日から発症後３～７日間は鼻やのどからウイルスが排出されます。解熱後ウイルス量は次第に減少しますがすぐにゼロにはなりません。他人にうつさないために発症後７日目までのマスク着用は義務です。マスクは鼻からあごまでを確実に覆い、隙間がないように着用します。

一方、感染者が自分の鼻水などの付着した手で、机、ドアノブ、スイッチなどに触れ、別の人がそこに触れた手で目、口、鼻を触ると感染します。これを接触感染といいます。自分がかからないためにこまめに手を洗う習慣が重要です。擦り込み式消毒薬も有効です。

職業性アレルギー

職場全体で原因物質の認識を

辻真弓

職業に関連して起こるアレルギーのことを「職業性アレルギー」といいます。症状によって職業性喘息、職業性アレルギー性鼻炎、職業性皮膚疾患などに分類されます。

相葉聡さん(23)＝仮名＝は1年前から強化プラスチック製ボートの製造会社でウレタンフォーム発泡作業に従事していますが、1カ月前から勤務中に咳や「ゼーゼー」「ヒューヒュー」という喘鳴《ぜんめい》症状が続いていました。心配した同僚が病院に行くように勧めましたが、相葉さんは「ただの風邪だろう。病院に行くのは面倒だ」と取り合いません。上司と同僚に説得されて、しぶしぶ産業医の面談を受けました。産業医は時間をかけて、①症状は休日には軽くなること②長期の休日中には消失していたこと③鼻炎の症状も数カ月前から発症していたこと④呼吸用保護具を正しく着用していなかっ

たこと――を聞き取りました。職業性喘息を疑った産業医の勧めで大学病院を受診して検査を行った結果、ウレタンフォームの原料であるイソシアネートという化学物質が原因で、職業性喘息を発症していることが分かりました。相葉さんは製造部から事務部へと職場を変わりました。

職場を変わり、幸いにして相葉さんの喘息症状は改善しました。しかし、全ての職業性アレルギー患者の症状が改善するとは限りません。正常に回復するための重要な点は、①診断時に正常な呼吸機能であること②診断前の有症状期間が短いことと③原因物質にさらされる期間が短いこと―です。したがって、早期診断、早期治療と対策（原因物質を回避すること）が症状の改善には重要です。

職業性アレルギーの原因物質は、植物性、動物性、薬剤、食品、金属、化学物質と非常に多く存在します。職場内に原因物質となり得る物質があるかどうか、その物質によってどのような症状が引き起こされる可能性があるのか。産業医とともに職場全体で認識しておくことが、職業性アレルギーの発症予防と早期診断につながります。

職業性喘息を引き起こすと推定される吸入物質および職業

植物性、動物性

吸入物質	職業など
コンニャク粉、ソバ粉、小麦粉、米糠	コンニャク製造業、そば屋、製パン・製菓業、精米業
キノコ胞子、花粉	ビニールハウス内作業者、生花業者
動物の毛、フケ	酪農家、動物病院経営者
人のフケ	化粧品会社の美容担当者、理容師

薬剤、化学物質、金属

吸入物質	職業など
薬剤粉じん	薬剤師、製薬会社従業員、医療従事者
エチレンジアミン	エチレンジアミン使用工場従業員
イソシアネート	塗装業者、ポリウレタン樹脂工場従業員
クロム	金属工場従業員、メッキ工場従業員、セメント工場従業員

職業性アレルギー疾患診療ガイドライン2016より抜粋・一部改訂

アトピー性皮膚炎

原因を見据えて上手に予防や対処を

中村元信

「工場で働きだしてから全身のかゆみが増してきた」と、全身が赤くなった柴田次郎さん（32）＝仮名＝が嘆いていました。皮膚科専門医を受診したところ、アトピー性皮膚炎と診断されました。

アトピー性皮膚炎はかゆみを伴い、慢性的に経過する皮膚炎です。昔は子どもの頃に発症し大人になると良くなるといわれていましたが、最近は大人になってからアトピー性皮膚炎を生じる例が増えています。

冬に空気が乾燥すると、アトピー性皮膚炎の人は皮膚がかさかさになって、かゆみが増します。皮膚の乾燥を防ぐために、加湿器などを利用して室内の湿度を保つことが肝要です。衣類も皮膚に刺激を与えるとかゆみを引き起こすことがありますので、

肌着はウールや化学繊維を避け、できるだけ木綿のものがお勧めです。また皮膚をかいて傷つけると余計にかゆみが増すことがありますので、爪はいつも短く、清潔にしておく方がよいでしょう。

皮膚が温まるとアトピー性皮膚炎のかゆみは悪化しますが、かゆくて仕方ないときは冷やすとかゆみが減ることもあります。またアルコールや香辛料などによりかゆみが悪化する場合があり、これらの摂取を控えめにするのも予防策の一つです。

精神的ストレスでかゆみが悪くなる場合もありますので、心当たりがあれば上手に対処することも大切です。

柴田さんは血液検査でほこりにアレルギーがあることが判明したため、産業医にも相談して工場内をこまめに掃除するなど環境を改善することで、赤みやかゆみは次第に治まっていきました。アトピー性皮膚炎は職場や家庭の日常環境が悪化の原因になります。塗り薬や飲み薬、注射などの治療に加え、日常の身の回りをもう一度見つめ直し、環境改善を図っていくことが重要です。

アトピー性皮膚炎での職場での注意

・よく掃除をする
・加湿器で湿度を保つ
・木綿の肌着を着る
・爪を切る
・かゆい部位を冷やす
・香辛料、アルコールは控えめに

職業がん

化学物質の使用は適切な素材を

上野晋

金属部品の製造工場での出来事です。一連の作業に、金属部品を強アルカリ性の溶液に漬けて洗浄するという工程がありました。もちろん従業員は保護手袋をしていますが、有機溶剤用の手袋を使っていました。

すぐに手袋の素材を確認したところ、酸やアルカリへの使用は推奨されていません。工場では有機溶剤を使う工程もあるので、おそらく手袋の素材をよく確認せず、そのままアルカリ洗浄作業にも使っていたのでしょう。私は、アルカリ洗浄作業には、耐アルカリ性がある素材の保護手袋を使用するよう指導しました。

化学物質を取り扱う作業で適切な保護手袋を使うことは、皮膚障害を防ぐためだけではありません。２０１５年、福井市の化学工場で従業員のぼうこうがんの集団発症

が発覚。その後の調査で、原因となる化学物質は手の皮膚から体内に吸収された可能性が判明しています。

このように、仕事中に体内に侵入した化学物質が原因で発症するがんを「職業がん」と呼びます。これまでの職業がんの報告事例では、原因物質にさらされる経路は吸入によるものが大半でしたが、福井市のぼうこうがんのケースは皮膚を通して吸収されたと考えられています。これを受けて、労働者に健康障害を引き起こす可能性が高い「特定化学物質」の中でも、皮膚から吸収されることで健康に影響を及ぼす恐れが大きい物質を取り扱う場合、保護具の着用が義務付けられるなど規制が強化されました。

手袋やマスクなどの保護具を適切に使うだけで、化学物質が体内へ侵入するリスクを下げることができます。しかし、実際の作業現場では、不適切な素材の保護具を使っていたり、「面倒くさい」「細かな作業がやりにくい」などの理由で着用を徹底していなかったりする問題が、今でもあるようです。

仕事で化学物質を取り扱っている皆さん。作業時に保護手袋をきちんと使っていますか。扱っている化学物質に対して適切な素材のものでしょうか。もう一度、初心に帰って確認してみてはいかがでしょうか。

化学物質の情報を調べるには

化学物質の危険性や有害性、さらには取り扱いに関する注意点などを調べたいときには、その化学物質の安全データシート（SDS）を参考にするといいでしょう。SDSは一定の危険性・有害性が確認されている化学物質について交付が義務付けられているもので、その物質に関する物理的性質（形状、色、臭いなど）、化学的性質（融点、沸点など）、使用する際に求められる局所排気装置や保護具についての情報、皮膚や目に対する刺激性、繰り返しばく露されることによって生じる臓器毒性、発がん性などの健康に対する有害性、といった情報が記載された文書です。厚生労働省が管理する「職場のあんぜんサイト」というウェブサイト（http://anzeninfo.mhlw.go.jp/）には化学物質のSDSのモデル情報のデータベースがあり、化学物質の名称からSDS情報を検索できるようになっています。

がん治療

意見書作成で働きやすい環境整備

立石清一郎

病気にかかったら頭が真っ白になり、仕事どころではなくなりがちです。

40代半ばの砂川正さん＝仮名＝は広告代理店の販売営業担当です。検診で大腸がんが見つかり、手術と抗がん剤治療を受けることになりました。病気が分かった瞬間、治療の流れ、治療費、家族の生活、自宅のローン、親の介護などが頭を駆け巡りました。たまたま会社で早期退職者を募っていたので、「休むと迷惑が掛かる。辞めてしまえば当座のお金には困らないかも」と一人悩んでいました。

ところが、主治医に「治療をしながら働くのが当たり前の時代です。頑張りましょうね」と言われ、自分が後ろ向きになっていることに気が付きました。休職届を手渡した上司にも「しっかり治療して早く職場に戻っておいで。お客さまも待っている」、

職場の保健師には「がんを患って働き続けている人は他にもいるから安心してください」と声を掛けられ、心強くなりました。こうした周囲の支援は大きな励みになります。

がんの5年生存率は60%以上、乳がんや甲状腺がんなど種類によっては90%を超えるものもあります。それでも、今も死のイメージが付きまとっているのでしょうか。厚生労働省の研究では、診断当初のパニックの段階で自ら仕事を辞めてしまう傾向があると示されています。

診断されてすぐ体調が悪くなるケースは少なく、治療後は休憩スペースの確保など職場の一定の配慮があれば、治療前と同じように働き続けられる人がほとんどです。患者への偏見をなくし、働きやすい環境を整えることは、企業にとっても人材確保の観点から大きなメリットがあります。

医療現場では、患者が職場復帰する際、必要な配慮について職場に向けた意見書の作成が普及しつつあります。この春の診療報酬改定では、意見書作成など職場とのやりとりに報酬が付くようになりました。社会的にそれほど重要な問題なのです。「病気だから」とマイナス評価するのではなく、働く能力を引き出し、公正に評価する社会に変わろうとしています。

病気になっても復職を前提に

最近、ナッジという言葉が浸透しつつあります。ナッジとは「肘で軽くつつく」という意味です。人間には無意識のうちに初期設定（デフォルト）に従う特性があり、これまでは重い病気にかかったら「仕事よりも治療が大事」と考える人が多くいました。しかし現状では、病気にかかっても治療を受けながら仕事を続ける人がほとんどです。そもそも治療を受けることは、「より良い人生を過ごすため」の一つの手段。「治療と仕事の両立（バランス）を当事者（本人）が考える」ことがデフォルトとなれば、本人が主治医とともにこれからの生き方と年頭に、仕事に合った治療、治療にあった仕事を考えることができます。このような考えや行動を促すことがナッジです。また、職場の理解も進むため本人と協議の上適切な配慮を検討する企業風土が生まれます。

心臓疾患

本人と職場が正しく認識して復職環境を整える

安部治彦

鈴木正治さん(54)＝仮名＝は工業機器会社の技術専門職です。仕事中に失神し、原因を精査するために入院しました。検査の結果、心臓の筋肉が非常に厚くなる「肥大型心筋症」に、危険な「致死性不整脈」を合併したことが失神の原因と判明しました。健康診断で異常を指摘されたことはなく、自分では健康と思っていたため、大きなショックを受けていたようです。

致死性不整脈については、自動的に電気刺激を起こし、心拍を整える「体内植え込み型除細動器（ＩＣＤ）」での治療が施されました。他の治療法に比べ、予後を改善させる効果が科学的に証明されていますが、いくつか問題点もあります。治療後や作動後は一定期間、車の運転が制限されます。また、電磁波が発生する職場（溶接作業現

場など）では誤作動して意識を失う恐れがあります。注意しないと、事故につながりかねません。
従業員が50人未満の鈴木さんの会社には産業医がいませんでした。このため、主治医であり心臓専門医の私が上司と連絡を取り合い、復職に向けて具体的な注意点を伝えました。職場で鈴木さんが移動する可能性がある場所全ての電磁環境調査も行い、安全を確認してもらいました。鈴木さんには「ストレスで致死性不整脈が起こる可能性もあるので、無理を

しないように」などと伝えました。

国内では、心臓の異常が原因の突然死が年間約7万人も発生しており、約3割は69歳以下です。ある日突然、心肺停止状態となり体外式除細動器（AED）で一命を取り留めた人、心臓の働きが低下しており、突然死の予備軍ともいえる人…。年間約9千人がICD治療を受け、うち60歳以下の就労世代が約半数を占めます。鈴木さんのように、ICD治療後に職場復帰する患者さんは少なくありません。

鈴木さんは当初、バス通勤で苦労したようですが「電磁波の影響を心配せず、働けるのが一番良かった」と話しています。主治医が患者の職務内容をある程度把握し、退院後の注意点を患者だけでなく、職場にも伝えておくことは非常に重要なのです。

心臓デバイス患者と電磁波干渉

心臓植え込みデバイスには、徐脈性不整脈治療としてのペースメーカー、頻脈性不整脈や突然死予防としての植え込み型除細動器、心不全治療のための心室再同期治療や失神の原因精査のための皮下植え込み型心電計などがあり、心臓病患者さんの診断・治療に大きく貢献しています。これらの心臓デバイスは電磁波による悪影響を受けることがあります。

電磁波は、IH調理器／炊飯器、盗難防止装置や電気自動車の急速充電器などの「日常生活環境」、溶接作業などの「職場環境」、MRI装置や放射線治療などの「医療環境」などのあらゆる社会環境で見られます。一般の方に影響することはありませんが、心臓デバイス患者の場合、電磁干渉によりデバイスの誤作動が発生することがあります。干渉源から離れると影響がなくなるため多くは一過性ですが、時に失神や死亡に至る可能性もあります。特に、職場環境での電磁干渉は就労事故につながることもありますので、職場での電磁環境調査を事前に行い、心臓デバイス就労者にとって安全な職場環境であることを確認しておく必要があります。

心臓弁膜症

健康診断で心臓雑音チェック

尾辻豊

高橋誠治さん(58)＝仮名＝は地元デパートの営業マンです。健康診断で「心臓に雑音がある」と言われましたが、きついわけでもなく、そのままにしていました。

そういえば最近、階段を登ると軽い息切れがあるようにも感じます。高橋さんは自宅で「心臓に雑音があると言われた」ことを話し、心配した奥さまに促され近所のクリニックに行きました。そこで「やはり心臓の雑音がありますね。早めに循環器専門医に診てもらってください」と言われ、専門医からは「心臓弁膜症です。症状もありますので早めに手術しましょう」となり、手術を受けて無事に退院しました。

機械弁と呼ばれる金属やカーボンで作った人工弁を使いましたので、病院の医師から産業医宛に「抗凝固薬を使用しているために出血しやすくなっており、血圧の厳重

な管理（脳出血の予防）と外傷リスクが少ない職場環境が必要です。納豆を食べないように本人に指導しました」という意見書を送付してもらいました。産業医に外傷リスクの高くない仕事であることを確認してもらった上で、血圧上昇につながる長時間勤務や不規則勤務などを避けるよう手配してもらい、問題なく職場・社会復帰できました。

高橋さんは今後も頑張れそうです。しかし弁膜症の患者さん全てがこのように問題を起こさないわけではありません。

弁膜症では長らく無症状の期間があり、いったん症状が出ると比較的急速に悪化します（図参照）。突然死や脳卒中を併発することも多く、病気が進んでからでは手術も難しくなります。心臓に雑音があると言われたら早めに専門医の診断を受けましょう。

日本胸部外科学会の手術統計にあるように心臓弁膜症は増えています。手術には早すぎる無症状で軽症の時期に診断を受けて、専門医で定期的（年に1回など）にフォローしてもらい、時期がきたら手術を受けるのがベストです。

「心臓の手術を受けないといけないのか？」と感じる人も多いと思いますが、「手術を受ければ質の高い生活を送れる」希望の大きい病気です。健康診断の心臓雑音チェックは早期診断のとても良い機会です。手術後の職場復帰に際しては担当医と産業医によく相談しましょう。

心臓弁膜症患者の生存率
（58歳で症状が出現する症例を想定）

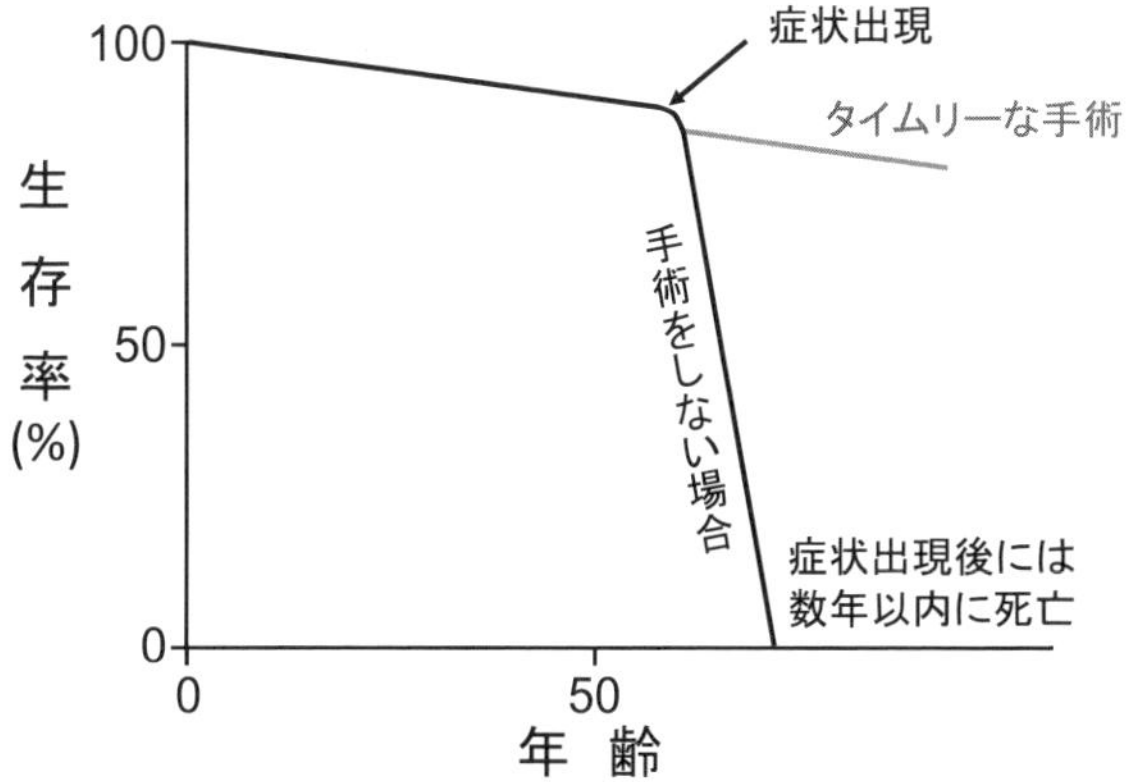

肝炎　疲労感が続く場合は専門医に

大江晋司、原田大

営業職として働く伊藤太郎さん（55）＝仮名＝が産業医を訪ねました。健康診断で肝機能障害を指摘され、産業医から受診勧奨されていたのですが、残業続きの忙しさの中、医療機関に行けずにいました。今回、疲労感を自覚するようになったため、自主的に産業医に相談したのです。

早速、有給休暇を取得し、産業医に紹介された肝臓専門医を受診したところ、結果はC型肝炎ウイルスによる肝硬変の状態。すぐに抗ウイルス薬治療が行われ、肝炎の安定化を得ることができました。また働き方の見直しで、無理な残業を減らすことができ、以前のような疲労感を自覚することもなくなりました。

肝炎とは肝臓に炎症を生じた状態で、その原因はさまざまですが、わが国では多く

が肝炎ウイルスに起因しています。肝炎初期の状態では自覚症状はなく、肝硬変へと進行すると疲労感などを自覚することがあります。また無症状で末期肝硬変から肝がんへと進行してしまう場合もあります。伊藤さんはC型肝炎ウイルスによる肝硬変の状態でしたが、抗ウイルス薬治療でC型肝炎ウイルスを駆逐することができました。

C型肝炎ウイルスに対しては、以前はインターフェロン注射での治療が主流でしたが、駆逐できる確率は50〜80％と高いとはいえず、副作用も強く出る治療でした。現在では、抗ウイルス薬という内服薬での治療で約98％もの高い確率で駆逐できるようになりました。ただし、治療には専門知識を要するため肝臓専門医の受診が望まれます。これまで忙しくて受診する時間がなかったという方にも、働き方改革による時間の確保により産業医は受診を勧めやすくなりました。

また肝硬変の状態は健常者に比べ、エネルギー不足に陥りやすく、疲労感を自覚することも多くなります。伊藤さんも職場の理解を得て労働環境を整えたことにより、より健やかな生活を送ることができるようになりました。

炎症性腸疾患

薬物療法と仕事の両立支援の指針も

芳川一郎

「ラインに戻れるようになったよ！」。自動車製造工場で働く吉田隆さん（31）＝仮名＝が家族そろってにぎやかに夕食をとりながら笑顔で話しています。今日、産業医の復職の面接を受けたのです。

吉田さんは潰瘍性大腸炎で治療中です。27歳のとき、血液の混じった下痢と腹痛が始まり、1カ月たっても良くならないため、近くのクリニックにかかり診断されました。5－ASA製剤という飲み薬でおなかの症状は良くなりました。しばらくは良かったのですが、1年ほど前から服薬をずっと続けているにもかかわらずおなかの症状が悪くなり、ステロイド剤を併用することに。ステロイド剤も最初はよく効いていたのですが、だんだんと効かなくなってきました。作業中にトイレに行くのを我慢できな

くなり、ライン作業を続けられず欠勤を繰り返すようになりました。

「このままライン作業を続けるのは難しいのではないか？」。休養してもまたすぐに悪くなるので不安になり、産業医に相談、産業医の勧めで大学病院を受診しました。

従来の治療薬である５－ＡＳＡ製剤とステロイド剤ではコントロールが難しい病状であるため、免疫調整薬と抗体製剤による治療が始まりました。徐々に症状が安定してきたので、ライン作業への復帰が今日決まったのです。

下痢や腹痛は誰もが経験したことのある身近な症状です。そのときはとてもつらいのですが、数日でケロッと良くなることも多くみられます。

潰瘍性大腸炎とクローン病をあわせて「炎症性腸疾患」と呼んでいます。炎症性腸疾患は腸に慢性の潰瘍ができ、おなかの症状がなかなか良くならずに長く続いたり、良くなってもまたすぐに悪くなったりする原因不明の病気で、年々増加しています。若い人に多く発症し学業や仕事の妨げとなることもあります。近年、従来の薬では治療が難しかった患者さんにも有効な新薬が続々と登場し、薬物療法が大きく進化しました。治療と仕事の両立支援のガイドラインもつくられています。

潰瘍性大腸炎(—)・クローン病(…)の患者数の推移

(難病情報センターによる)

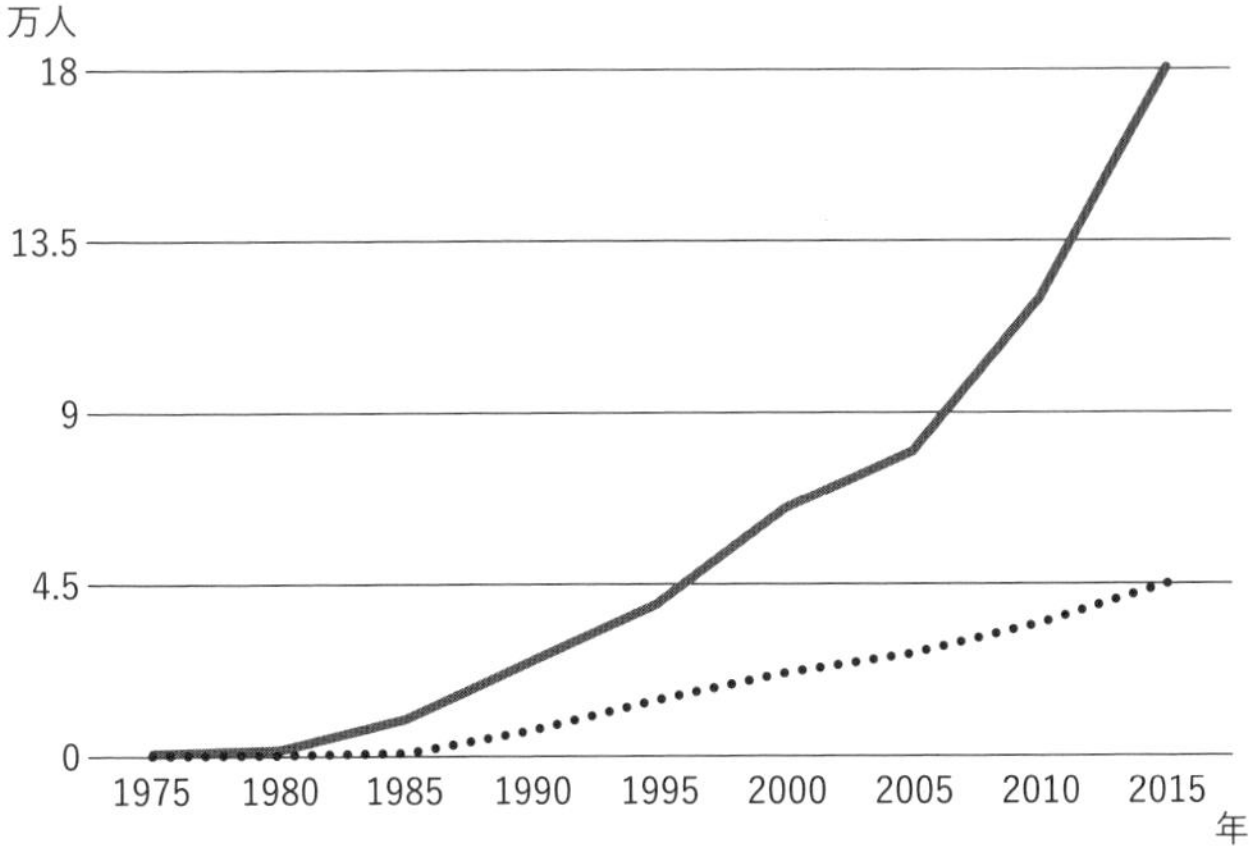

潰瘍性大腸炎(—)・クローン病(…)の推定発症年齢

(難病情報センターによる)

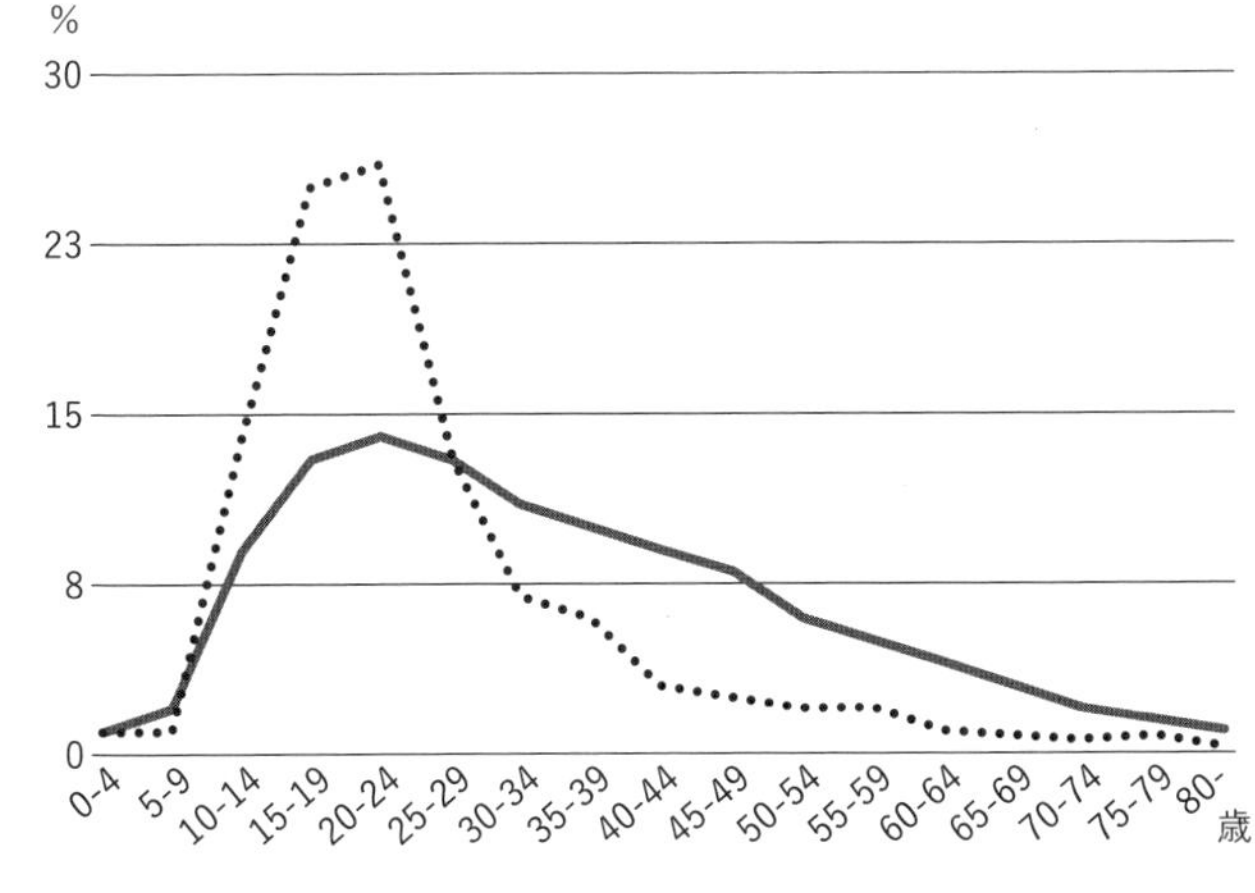

感染症

海外赴任時には予防接種を確実に

金澤保

「突然、来月からラオスに半年間も出張しろと命じられたんです」。自動車部品メーカーで働く山本健太さん(39)=仮名=が困惑した顔で訪ねてきました。新規工場立ち上げのため、体調不良の同僚の代理を任されたそうです。

会社員が置かれた厳しい現実を実感しつつ、免疫学・寄生虫学が専門の私から、どうしても言っておかねばならないことがあります。「出発までの1カ月で、何が何でも予防接種を受けること」。ラオスは入国時に必要な予防接種はないものの、感染症の危険は高い地域です。

まず接種してほしいのは、水や食べ物などから経口感染するA型肝炎のワクチン。2週間隔で2回受ければ効力が出るので十分間に合います。第二に腸チフスワクチ

ン。国内では未承認のため、接種できる医療機関は少ないのですが、トラベルクリニックなら個人輸入しているかもしれません。次に、血液から感染するB型肝炎。ワクチンは4週間隔で2回、さらに半年空けて3回目が必要なので間に合いませんが、2回でも受けないよりはるかに安心です。

「それから破傷風は…」と続ける私を、山本さんが遮りました。「そんなに打って大丈夫ですか。副作用の話も聞くし、打たないで済むならそれが一番。お金もかかるし」。よくある反応です。私は「海外では日本のような清潔な環境はまれ。基本は『防げる病気は全て防ぐ』。副作用はゼロではないけれど、メリットの方がはるかに大きい」と説きました。

出張や転勤は会社員には付きものですが、それに伴う健康管理は企業の責任です。ここ10年ほどで海外赴任時の予防接種費用を負担する企業は増えてきましたが、感染症などのリスクから身を守る働き方や生活に配慮する企業はまだ少ないようです。東南アジアなどとのビジネスでの往来が頻繁になっている今、心配は尽きません。

まだまだ注意したいことはありましたが、山本さんは忙しく帰っていきました。「予防接種だけでも受けてくれれば」。そう願いながら、後ろ姿を見送りました。

多くの企業人は発展途上国に出張するといっても都市部で暮らすことが多く、まして日本人が暮らす環境はその中でも特に恵まれているようです。そのような例ではまず問題になることはありませんが、発展途上国の田舎で仕事をする場合に注意せねばならないことが二つあります。

それは飲食物と虫です。発展途上国では「火を通したものしか口にしてはいけない」ことはもはや常識となっていますが、これがなかなかむずかしいのです。生野菜は原則口にしない。果物も自分で皮をむいた物以外は危険と思ってください。水は封をしてあるミネラルウオーターを自分で開栓して飲むのが最も安全です。

虫よけスプレーは必需品です。最近国内でも昆虫忌避剤の含有濃度が高いスプレーが手に入るようになりましたので出発前に用意するとよいでしょう。「備えあれば憂いなし」、この一言に尽きます。

HIV感染症

日常生活では人にうつす危険性ゼロ

鈴木克典

「私の感染症はうつるのでしょうか？　職場に行ってもいいですか？　トライアスロンは続けてもいいのでしょうか？」。そうお尋ねになるのは、小林太一さん(43)＝仮名＝です。小林さんは、電子機器メーカーで経理を担当。トライアスロンが趣味でよく海外の大会にも遠征されています。そんな小林さんが最近、HIV感染症と診断されました。

HIV感染症は、HIVというウイルスが性行為などで体の中に入り込み、体の中の免疫という仕組みを壊して、普通の人がかからないような感染症を発症するエイズ(後天性免疫不全症候群)に至ります。小林さんの場合、基本的に職場で誰かにうつしてしまう危険性はないので、仕事は続けても構いませんし、趣味のトライアスロンを

続けても全く問題はありません。

感染症は正しく怖がらなければなりません。感染症は目に見えない細菌やウイルスが原因になってヒトからヒトに広まっていきます。この広まり方は、細菌やウイルスによって異なります。

インフルエンザや結核のように咳やくしゃみが出る感染症では、咳やくしゃみをするときに出るしぶきの中にインフルエンザウイルスや結核菌がいて、1~2メートル飛ぶといわれています。これを別のヒトが吸い込むと感染が起こります。この場合、マスクを着用することが感染予防になります。

病院での薬剤耐性菌の集団発生が時々報道されますが、この薬剤耐性菌は本人や医療従事者の手を介して広まっていきます。この場合、手洗いをすることが感染予防になります。

そして、このＨＩＶ感染症は性行為などの特定の状況で感染しますが、日常生活で感染することはありません。ですので、ＨＩＶ感染症だからといって休職したり、退職したりする必要はないのです。性行為の際のコンドーム着用が感染予防になります。

感染症にかかったときは無理せず休むのが基本ですが、感染症によっては普通に仕事ができる場合もあります。小林さんも産業医との面談でアドバイスをもらい、安心して現在も仕事にトライアスロンに奮闘中です。

HIV感染症／エイズと働き方

1980年代初頭にエイズが発見され、エイズは不治の病といわれ世界中を恐怖に陥れたことがありました。HIVが原因の免疫不全であることが分かり、抗ウイルス薬が開発され、治療は進歩しています。昔は6時間おきにたくさんの薬剤を服用しなければならず副作用も多かったので、患者さんたちは服薬継続に苦労して就業や社会生活に多大な支障が出ていました。現在では、1日1回1錠という薬剤が開発され、副作用もほとんどありません。生活に支障が出ることなく、服薬とともに就業や社会活動の継続も可能になっています。さらに、きちんと薬を飲んでいれば、健康な人と寿命は変わらないといわれています。早期診断、早期治療はもちろんですが、長期的に生き方、働き方を考える時代になっています。

高次脳機能障害

集中力や記憶力の低下がサイン

佐伯覚

「高次脳機能障害を知っていますか？」。こう尋ねられた西山和夫さん（45）＝仮名＝は、初めて聞く言葉に戸惑っていました。西山さんは電子部品メーカーの資材部で原材料の調達や管理を担当しています。「仕事に集中できず、ミスが多い」と産業医を務める私に相談がありました。

実は、面談は2回目。3カ月前にくも膜下出血を発症して入院、手術を受けました。幸い、まひなどの後遺症もなく3週間で退院。自宅療養を経て、発症から約2カ月で、私との面談を経て復職したところでした。

上司によれば、ぼーっとした感じが見受けられるものの、以前と同じようにデータ入力や書類の作成、部下への指示や上司への報告も問題ないし、同僚と世間話もして

いる。ただ、取引先との連絡や納入時期を忘れることがあり、相手からの連絡で職場が大慌てすることになってしまうとのこと。周囲は「復職後の疲れ」と受け止めていたようですが、本人も不安やストレスが大きくなっているため、２回目の面談となったわけです。

面談後、私が紹介した大学病院を受診し、検査入院をしました。知能面に問題はなく、記憶に関する障害があることが判明し「軽度の高次脳機能障害」と診断されました。病気や事故などによって脳がダメージを受けたために、集中力や記憶力の低下など認知機能面に見られる障害です。

主治医から本人に、本人の同意を得て上司と私に病状の説明があり、職場での支援を検討していくこととなりました。記憶の補助としてスマートフォンの録音機能やメモを活用し、複数業務の同時並行は避けるようにしました。特に、業務に関する重要事項は、同僚とパソコンでも情報共有することでトラブルはなくなりました。今も元気に働いています。

高次脳機能障害は外見からは分かりにくく、軽度の場合は見過ごされ、西山さんのように退院後の生活や仕事で困り事が出てきて気付くケースがあります。職場でもこうした病気や障害について知り、適切な働き方を支援していくことが重要です。

高次脳機能障害とは

脳卒中や交通事故などによる脳の損傷が原因で、脳の機能のうち、言語や記憶、注意、情緒といった認知機能に起こる障害を高次脳機能障害と呼んでいます。注意が散漫になる、怒りっぽくなる、記憶が悪くなる、段取りが悪くなる、などの症状がみられます。

高次脳機能障害は外見からは分かりにくく、病院や診察室では気付かれずに、実際の生活や社会に戻って初めて問題が顕在化することが少なくなく、「見えない障害、隠れた障害」などともいわれます。

診断は、症状の確認、それを説明できる頭部MRIやCTなどの画像所見、障害を裏付ける神経心理学的検査の結果などによって行われます。従来の学術的用語としての高次脳機能障害とは別に、障害者の支援を目的とした行政的用語として用いられることも多く、医療と福祉などの連携においてどちらを指しているのか、注意が必要です。

成人の発達障害

個人の行動に応じた細かいアドバイスを

吉村玲児

成人の発達障害とは、大人になり発達障害を発症したものではありません。発達障害に特徴的な症状は低年齢で出現していたにもかかわらず、見過ごされてしまい、大人になり大学生活や職場の中で不適応を起こして診断されることになります。発達障害にはいくつかのタイプがあり、自閉症スペクトラム障害、アスペルガー障害、注意欠陥多動性障害、学習障害などがあります。

田中一郎さん(24)＝仮名＝は会社で事務職をしています。小学生の時より忘れ物が多く、部屋を片付けることができなかったようです。テストでも解答欄を間違えたり、名前を書き忘れたりの不注意が多かったということでした。高校を卒業して、今の会社に務めています。

周囲とのコミュニケーションはとれ、同僚との飲み会などにも参加します。しかし、遅刻が多い、上司から言われたことをすぐに忘れる、仕事の枝葉末節なことにこだわりすぎて締め切りに間に合わない、スケジュール管理が苦手、仕事の段取りが悪い、いっぺんに複数の仕事をこなすことができないという問題があります。仕事の順序が自分の思い通りに進まないと感情的になり、同僚や上司に怒りを爆発させてしまうこともあります。根はまじめで素直な人なので、今のままではいけないと自分なりに逐一メモをとるなどの努力はするのですが、なかなかうまく行かず仕事もはかどりません。自分は他人より劣った駄目な人間ではないかと悩むようになり、大学病院精神科を受診されました。

田中さんは発達障害の中でも注意欠陥多動性障害（ADHD）に該当すると考えられます。ADHDの特徴的な症状としては、①不注意（集中できない）②多動性（落ち着きがない）③衝動性（感情コントロールが苦手で思いつきで行動する）――などがあります。成人例では不注意が前景に出てそれに衝動性が加わるタイプが多いようです。ＡＤＨＤの方が職場で問題となることとして多いのが、仕事を先延ばしする、無計画で仕事の管理が不得意、対人技能が未熟といった点です。

成人のＡＤＨＤにも、薬物療法は有効ですが、薬物療法だけで問題が全て解決するわけではありません。薬物療法以外の職場での生活指導が必要です。例えば、①手帳をいつも持ち歩きその日に行うべき to do list を作成する②職場に持って行くものは前日にかばんに詰めておく③多くの仕事を抱え込まない（できそうもない仕事は断る）④会議などでは無理に発言しない。個人の行動の癖に応じたきめ細かいこのようなアドバイスが役立ちます。

発達障害を過剰診断しない

発達障害はうつ病などの気分障害と併存しやすい傾向がありますが、うつ病がなかなか治らない場合や適応障害が遷延化している場合などに、発達障害を過剰に疑い過ぎて安易に診断される場合があります。

発達障害が疑われるような方が職場にいた場合には、精神科を受診させて、幼少期や小児期の特徴を詳細に調べてもらい、妥当性のある診断ツールを用いた精密な検査が不可欠となりましょう。職場になじめない社員に安易に発達障害のレッテル貼りをすることだけは絶対避けてほしいものです。

アルツハイマー型認知症

早期診断と運動などで発症予防

足立弘明

「最近、仕事でのミスが多くて」。商社に勤める山田宏一さん（58）＝仮名＝は、奥さまに連れられて病院を受診しました。

3年ほど前から以前のようなスピードで仕事をこなせなくなっていましたが、重要なことを忘れたり、簡単なミスをするようなことはなかったので、年齢のせい程度に考えて、産業医に相談したり、病院を受診したりしていませんでした。さすがに最近は、前日の会議の内容を忘れてしまったり（記憶障害）、ロッカーの鍵や重要書類のしまい忘れが目立つようになり、物が見つからないと部下のせいにしたり（人のせいにする、判断力の低下）して、おかしいと思ったそうです。日常生活でも、前に話した内容を覚えておらず近所に住む妹に何度も電話したり（記憶障害）、買い物に行って

同じビールをたくさん買って冷蔵庫内をいっぱいにしたり（計画性欠如、遂行障害）、好きで通っていた囲碁教室へいろいろ理由をつけては行かなくなったり（新たなことをしたがらず、引きこもる、社会性消失）していました。診察場面では、「今日は何月の何日ですか？」と問われると、「えーっと、何月でしたっけ」と奥さまの方を振り返って尋ねる（人に頼る）、「今日は新聞もテレビも見てこなかったものですから」と言い訳する（取り繕い）など、アルツハイマー型認知症の特徴的

な振る舞いをしていました。

　約10年前の厚生労働省の調査で、全国の若年性認知症者数は3万7800人と推定されました。現役で働いている人でも認知症を発症する可能性があります。働き盛りで認知症を発症することは、職

アルツハイマー病では認知症の発症の20年以上前から病気が始まる

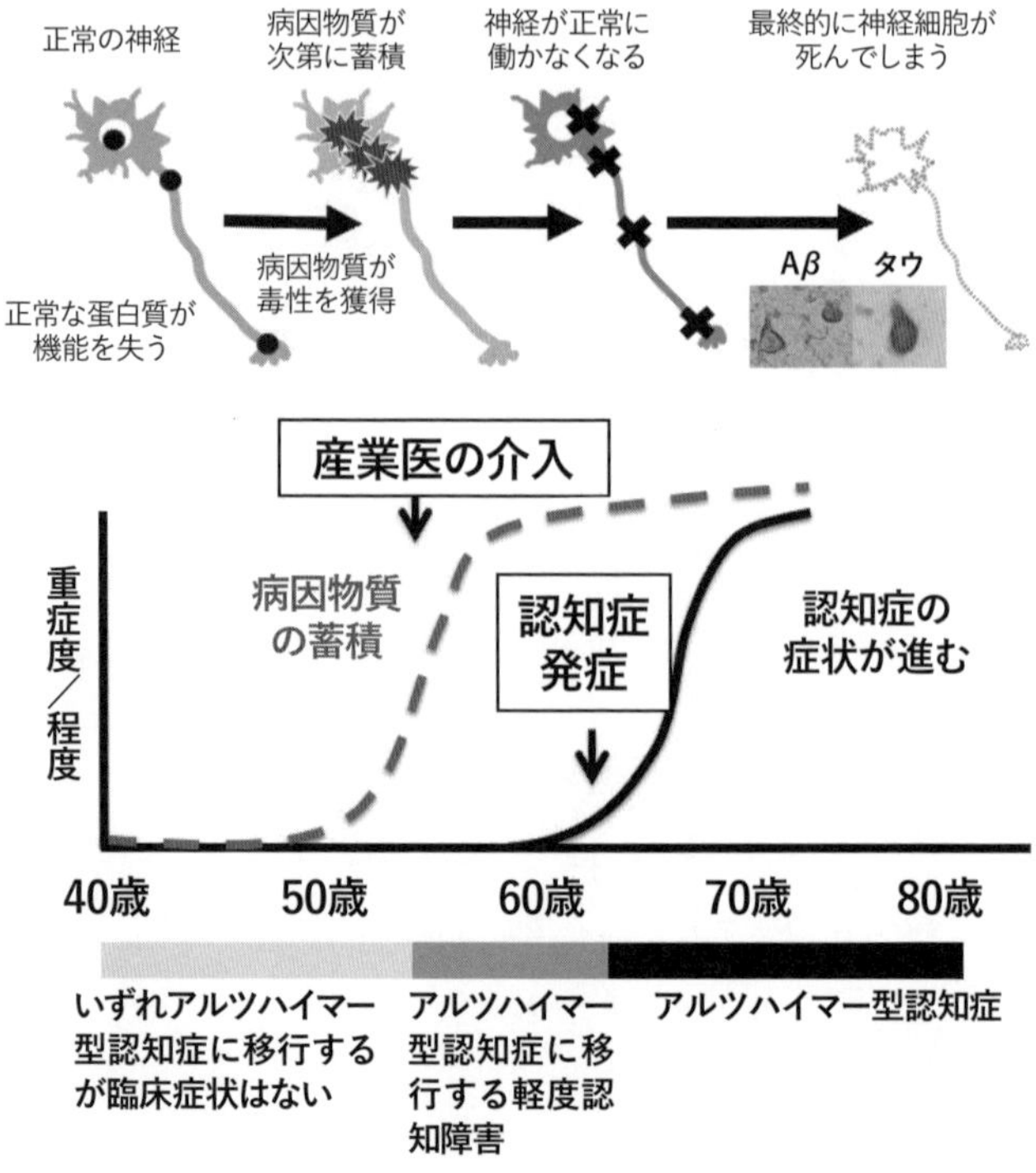

場でのパフォーマンスに影響するだけでなく、子育てが終わっていない家庭にも影響します。認知症を発症する前には軽度認知機能障害と呼ばれる前段階があり、①以前の水準と比べて認知機能の低下がみられる②年齢や教育歴を考慮しても明らかな一つ以上の領域での認知機能の低下が客観的に認められる③日常生活の機能は保たれている―などの特徴があります。この時点では認知症ではありませんが、将来は認知症に移行するリスクの高い群であり、産業医や病院での慎重な経過観察が必要です。

[産業医の方へ]

このような軽度認知機能障害が疑われる方は、早期に診断して運動などで認知症発症を予防していくことが重要です。ただし5年経過しても半数は認知症に移行しないこと、逆に回復する例もあることを話し、必要以上に認知症になる不安をかきたてるような説明は避けた方がよいでしょう。

放射線被ばく

正しい知識を増やして正しく怖がる

岡﨑龍史

日本に住む私たちは日常、大地から宇宙から、あるいは食物などからの自然放射線によって、年間約２・１ミリシーベルト被ばくします。また、ＣＴ検査や放射線治療による医療被ばくは国民１人当たり年間３～５ミリシーベルトであり、合計すると年間５・98ミリシーベルト被ばくするといわれています。医療被ばくが多いのは、日本は先進諸国の中で約２倍のＣＴ台数を持っていることが理由です。

放射線の影響が出るのは50ミリシーベルトとか１００ミリシーベルトという値をいわれることがありますが、これは原爆被爆者などの疫学研究から示された値であり、科学的に証明することは困難です。したがって、低線量放射線の確率的影響（がんや白血病など）に関しては、「分からない」と言わざるを得ません。確定的影響である目の水晶体の混濁は５００ミリシーベルト

で生じると、国際放射線防護委員会（ICRP）が2011年に声明を出しました。

放射線業務の場合、線量計を装着する義務があります。「放射性同位元素等の規制に関する法律」（原子力規制庁）と「労働安全衛生法・電離放射線障害防止規則（電離則）」（厚生労働省）では、線量限度は実効線量（全身被ばく量）として5年間で100ミリシーベルト、1年間で50ミリシーベルト、等価線量として皮膚は年間500ミリシーベルト、目の水晶体は年間150ミリシーベルトとなっています。

しかし、目の水晶体の線量限度は5年間で100ミリシーベルト、1年間で50ミリシーベルトと、2021年ごろに法改正される予定です。電離則では、緊急作業の場合、条件を付けて実効線量として最高250ミリシーベルトが限度とされました。

原発作業員などの線量管理は厳しくされていますが、医療従事者は治療を優先することが多く、線量管理が正しく行われていないことが問題となっています。医療被ばくが多いということは、医療従事者の職業被ばくも多くなる可能性があります。鉛入りの防護エプロン、防護メガネや遮蔽板の使用によって、被ばく量は軽減します。線源から「距離」を取る、放射線を「遮蔽」する、被ばくの「時間」を短くする、という外部被ばく防護の3原則を念頭に入れておく必要があります。放射性物質が舞うような職場では、内部被ばくや汚染から防護するために、防護服、ゴーグル、マスクおよびシューズカバーなどを用いて体表面の露出を防ぎ、口、皮膚および気道からの侵入を防ぎます。

公衆および放射線業務従事者の線量限度

	線量限度
公衆	
実効線量	1mSv/年
等価線量(皮膚、手足)	50mSv/年
等価線量(目の水晶体)	15mSv/年
放射線業務従事者	
実効線量	100mSv/5年、50mSv/年
等価線量(皮膚、手足)	500mSv/年
等価線量(目の水晶体)	150mSv/年 100mSv/5年、50mSv/年と改正予定(2021年から)

放射線は、工業では品質管理や検査、滅菌、農業ではジャガイモの芽止め、品種改良、医療現場では診断や治療など、幅広く利用されています。しかし、いったん事故が起こると不安が増え、この程度の数値では安全と説明しても安心は得られません。普段からの教育によって、放射線の知識を増やしておくことが重要です。放射線は正しく怖がりましょう。

第3章

産業医・保健スタッフのこれからの役割

労働寿命

働き続けるためには体力の維持・向上も大切

江口泰正

前田一政さん（61）＝仮名＝は定年退職後の継続雇用が決まりました。業務はこれまで通り、慣れた溶接作業が中心です。ただ、半年前に職場で転倒し、大けがをしかけた経験があり、不安も大きかったようです。

報告を受けた産業医が現場を確認しましたが、転ぶような環境ではありません。産業医はさまざまな専門家と情報交換し、働く人の健康と安全を確保します。前田さんの件では、体力医学や健康教育が専門の私に意見を求めてきました。

実は、転倒は10年以上連続で、労働災害による死傷者の原因第1位を占めています。特に、50歳以上はリスクが高くなる傾向にあります。まずは転倒の直接原因である「すべる」「つまづく」などを防止するための環境整備が大事です。床面や靴底を滑りにくい素材にしたり、水や油液の漏出を防止したりする。冬期の作業は、からだの動きが鈍くなっている上に凍結や積雪の可能性があることを周知する、また床の段差やコードの放置をなくしてつまづきを避ける、などです。

一方で、年を取って体力が低下すると、わずかな床のでこぼこでも転んでしまうことがあります。前田さんの体力を測定してみると、筋力やバランス能力が極端に低下し、両目を閉じての片足立ちが5秒も続けられません。歩く動作は片足立ちの連続なので、常に不安定な状況にあったと思われます。

内閣府の調査では、現在仕事をしている60歳以上の約4割が「働けるうちはいつまでも働きたい」と回答。就業者に占める高齢者の割合も増えています。今後は職場にも、そして働く人にも、健康寿命だけでなく「労働寿命」の延伸が求められる時代が来るかもしれません。

運動などの身体活動の継続で、さまざまな疾病の予防効果が期待できます。半面、いくら病気がなくても、体力が低下して求められる作業ができなくなれば、働き続けることは困難になってしまいます。高齢になっても働きたいと思う人が生き生きと働き続けるためには、体力の維持、増進が欠かせません。

前田さんには、筋力強化運動やバランス運動などで構成した「転倒予防体操」を伝授しました。この体操を続けた結果、職場で転びそうになることが減った上、体力にも自信がついたと話していました。今は生きがいを感じながら働き続けているそうです。

転倒予防体操

スクワット運動

両足を
大きく広げ、
腰を落とす

ペンギン歩き

上体を真っすぐ
立てたまま
膝を軽く曲げ、
そのまま歩く

※実施する場合には安全に十分配慮しながら行ってください。特に医師等から運動を控えるように言われている人や、実施すると痛みや違和感が出たりする人は、決して無理しないでください。

ランジ運動
片足を
大きく踏み出し
腰を深く沈める
①
②

③
②
①
横交差歩き
片足を
反対側に
交差させて
横に歩く

下肢外転運動

上体が倒れないように
脚を伸ばして
横にあげる

保健師の役割

組織に目を配り社員を見守る伴走者

中谷淳子

社員約400人の電子部品メーカーでの出来事です。嘱託産業医は週1回勤務し、普段は保健師の私が常駐していました。

脳梗塞を発症した長尾大介さん(56)=仮名=は、左半身まひが残り、長期リハビリが必要になりました。会社は長尾さんの復職を見据えて準備する方針を決め、私が中心的な役割を任されました。

長尾さんが治療に専念できるよう、定期的に面会に行き、仕事や経済面などさまざまな相談に乗って不安の軽減に努めました。長尾さんを支える妻とも連絡を取り、話を聞くようにしました。妻にとって、身内に相談できないことや自分の体調について話せる保健師の存在は大きく、前向きに夫をサポートできるようになりました。

約1年半後、大きな改善はないまま、リハビリは終了しました。私は長尾さんに職業訓練センターを紹介し、職業訓練を始めてもらう一方、社内での受け入れ準備を進めました。復帰予定の職場の同僚に過度の不安や負担感を与えないことが大切です。このため、長尾さんの障害の程度、具体的に協力してほしいことなどを詳しく説明し、理解を得ました。

また、非常時の長尾さんの付き添い役、更衣や食事時のサポート役、仕事の相談役などを同僚社員の特性に応じて依頼。

それぞれが「自分の役割は重要だ」と実感しながら、長尾さんを迎え入れる雰囲気を醸成していきました。設備改修なども行われ、同僚たちは「自分に何かあった際も会社に支援してもらえる」という安心感を抱いたようです。長尾さんは無事に復職し、勤務を続けています。

さらに、社員の「病気予防に力を入れたい」という意識の高まりを感じた私は、この機を捉え、職場体操や分煙対策を推進しました。健康づくりの取り組みは大きく前進したのです。

職場の保健師は、組織全体に目配りしながら、社員一人一人を見守り、必要なときにはカウンセラー、コーチ、マネジャーなどさまざまな役割を果たします。何かあったら、産業医と共に社員の人生に伴走する保健師に話してみませんか。

“産業保健師”をご存知ですか

「保健師」という職業の認知度は、同じ看護職である看護師や助産師と比較し低いようです。保健師は、人々が心身ともに健康な状態で暮らせるように病気の予防や対策を行うこと、また、たとえ病気や障害があっても、社会でその人らしく暮らせるように支援することを目的に活動しています。多くの場合、保健所や市町村の保健センターなどの行政機関で働いていますが、企業や産業保健のサービス機関などに所属し、働く人の健康支援を専門とする、通称“産業保健師”と呼ばれる保健師も社会で活躍しています。

産業保健師は、社員にとって最も身近な保健医療職として、また産業医の重要なパートナーとして、社員が心身ともに健康で働くことができるよう、個別的な支援や広く集団的な対策、安全衛生施策の実施などに携わり、そのことによって企業に貢献しています。

衛生管理者の役割

五感を使った職場巡視で環境整備

保利一

坂口真理さん（30）＝仮名＝は精密機械部品を製造する会社の総務部に所属し、衛生管理者として働いています。衛生管理者の職務は職場環境の改善、労働条件の管理、衛生教育の実施、労働者の健康保持増進など多岐にわたります。

職場巡視もその職務の一つで、週1回職場を巡視し、気付いた点を指摘して改善してもらうようにしています。先日、ある作業場の巡視に行ったとき、いつもと違うにおいがしていると感じました。現場の作業者に「何かにおいを感じませんか？」と尋ねましたが、「いや、いつもと変わらないと思うけど」との答えでした。その作業場では、加工した機械部品の洗浄に有機溶剤を使用しており、坂口さんはその有機溶剤のにおいではないかと思いました。

においを
感じませんか?
いつもと
変わらないけど…

この作業場では、働いている人が有害物質を吸って健康を害さないように洗浄槽から上がってくる蒸気を吸引除去する局所排気装置が設置されています。また半年に1回、作業環境測定を実施していますが、これまで特に問題はありませんでした。しかし、今回においが気になったので、きちんと排気されているか発煙管を用いて空気の流れを観察したところ、吸引が弱いことが分かりました。調べてみると、配属されたばかりで仕事に慣れていない別の作業者が溶剤をこぼし、拭

き取った布（ウェス）を排気フードの前に放置していたということで、排気フードがウェスを吸い込んで配管が詰まったことが原因だと考えられました。

現場の作業者はにおいに慣れてしまっていて、異常に気付かないことがあります。しかし、これを放置しておくと有害物が室内に拡散し、作業者が吸って健康障害を起こす可能性があります。局所排気装置は現場で広く使用されるものですが、詰まって吸引できなくなるとたちまち環境は悪化します。ウェスを取り除き、排気フードの前にはモノを置かないこと、払拭したウェスは放置せず直ちに廃棄することを徹底するようにした結果、においはほとんどしなくなりました。

職場では目に見えないところに問題がある場合があります。坂口さんは見るだけでなく、五感を使って巡視をすることの重要性をあらためて認識しました。

産業医の教える技術

生活実感あふれる話と改善指導で助言

柴田喜幸

スーパーマーケットに勤務する山口和人さん(40)=仮名=は昨年、人事から糖尿病予防研修に呼ばれました。定期健康診断の結果、糖尿病の危険を示す値が高かったのです。山口さんは何も自覚症状がないので憮然として研修会に参加しましたが、講師である産業医のA先生は、難しい医学知識や統計の話を延々と続けるばかり。「夕飯は20時までに」と言われても遅番の日は仕事の真っ最中で、現実感がありません。山口さんはいつの間にか居眠りをしてしまいました。

1年後、山口さんの数値は改善せず同様の研修に呼ばれ、うんざりして出掛けました。ところが講師は昨年とは違うB先生で、専門的な話はほとんどなく、生活実感にあふれる話を平易な言葉でされました。改善指導も山口さんたちの業務内容を熟知さ

れ、それに合わせた助言をしてくれました。山口さんはB先生の話に引き込まれ、いつの間にか「今日から生活習慣を改めよう」と考えていました。

実はB先生は教える技術を磨いていました。B先生が身に付けていた「教える技術」がInstructional Design（教育設計、通称ＩＤ）です。これは「教育の効果・効率・魅力を高めるための手法を集大成したモデルや研究分野、またはそれらを応用して学習支援環境を実現するプロセス」（鈴木、２００５）を意味します

表1　教育設計(Instructional Design ;ID)のポイント

①効果的に教える（教育のゴールにたどり着かせる）
②効率的に教える（時間・お金・苦労などを少なくする）
③魅力的に教える（もっと学びたいと思わせる）

（表1）。要はうまい教え方の追求です。

産業医科大学では、在学中、そして卒業後にわたり、このIDをベースにした「教え方の教育」を行っています。卒業生のみならず他学出身の先生方にも、さまざまな研修会にてこのプログラムを提供し、広く産業医・産業保健の教育技術のレベルアップに貢献しています。

例えば「産業医科大学首都圏プレミアムセミナー」では、産業医はもちろん、看護職や人事スタッフなど、広く産業保健に携わる方を対象にこの教え方の研修会を開催しています。関心のある方はぜひホームページ（「産業医大　プレミアム」検索、https://premium.med.uoeh-u.ac.jp/）をのぞいてみてください。

産業衛生専門医制度

より専門的な世界基準の産業医を育成

森晃爾

私が産業医になった30年前には、産業医という言葉を知っている人は少なく、ましてや産業医がマスコミで取り上げられることは皆無でした。昨今の産業医への期待と比べると、隔世の感があります。そのことは、この30年間に働く人を取り巻く環境が大きく変化し、産業医の役割や期待が徐々に増えていったことを表しています。

産業医という言葉は、1972年に労働安全衛生法が施行された際に初めて用いられました。産業医を選任しなければならない職場の規模も、現在と同じ従業員数50人以上であり、1000人以上になるとその職場に専属の産業医を雇わなければならないことになりました。その当時、法令上の産業医の職務は、健康診断の実施やその他の健康管理に関わることに限定されていましたが、その後、作業環境管理、作業管理、健康教育などが追加になりました。産業医制度が始まった当初は医師であれば誰でも産業医になることができましたが、このように拡大する職務を果たすためには、病院や診療所で医療に携わる経験だけでは技術的に難しくなり、1998年からは、一定の基礎研修を受けるなどして資格を得ることが必要になりました。研修にはいくつかの種類がありますが、最も一般的な研修は50時間の基礎研修で、すでに累計約10万人の医師が研修を修了しています。現在、厚生労働大臣から指定され、基礎研修を実施できる機関は、日本医師会と産業医科大学になっています。

その後、法令上の産業医の職務は9項目まで拡大し、非常に多くの役割が課せられています。その範囲も、有害化学物質障害の健康障害防止からメンタルヘルス対策まで広く、たかだか50時間程度の研修を受けるだけで対応できる仕事ではなくなってきています。例えば精神科医が産業医の資格を取った場合、メンタルヘルス対策が得意であっても、全てをこなすことは難しいでしょう。また保健師や衛生管理者、作業環境測定士など、他の職種と連携して産業保健チームを作り、それぞれの専門性を生かして幅広い課題に対応することが求められるようになりました。産業医はその中で、リーダーとしての役割も求められています。そこで法令の規定の範囲外で、より専門的な研修を充実させ、産業医資格を取ったあとにも継続的な研修が求められるようになってきており、産業医科大学も幅広いテーマや専門レベルの研修を提供しています。

より専門的な産業医を育成する仕組みとして、産業衛生専門医制度があります。外科手術は外科専門医が、精神科診療は精神科専門医が担当することが、患者が安心して高い質の医療を受ける上で必要なように、産業医についても、職場に存在する健康に関する課題に専門的に対応できる産業医の養成が求められるようになってきたため、日本産業衛生学会が制度化したものです。

現在の制度は、社会医学系専門医協会が運営する制度で3年以上の研修を受けて社会医学系専門医を取得したあと、日本産業衛生学会が運営する制度で1年以上の追加研修を受けて資格認定試験を受験する仕組みになっています。さらに試験に合格して産業衛生専門医になった後も、5年間ごとの研修受講の実績をもとに更新を行うことになっています。欧米先進国で、ほとんど専門医レベルの医師が産業医業務を行っていますので、産業衛生専門医が世界標準の産業医ということになります。現在の産業衛生専門医の数は日本全体で約600人と限られた数であり、積極的な取り組みを行う企業や高いレベルの産業保健サービスを提供する労働衛生機関などで活躍しています。

産業保健

健康に働くことは社会の平和と安定に寄与

堀江正知

産業保健とは、働くことを通じて心身に悪影響が生じないように対処し、むしろ働くことでより健康になれるように導く活動です。仕事が健康に与える影響は、働いている人だけでなく、退職後に続くこともあれば、家族に及ぶこともあります。国際労働機関（ＩＬＯ）や世界保健機構（ＷＨＯ）は、人々が健康に働くことが社会の平和と安定に寄与すると考え、産業保健を推進しています。

産業医学の父と称されるイタリア・パドヴァ大学医学部教授のラマツィーニは、１７００年に職業ごとに働く人々の病気に特徴がみられることを体系化した職業病の教科書を著しています。その後、産業革命を経たイギリスで、１８３３年に紡績工場で働く人々を保護する工場法が制定されるなど先進国において社会制度が発展しました。日本においては、明治期以降、紡績業、鉄鋼業、化学工業などで工場の衛生対策とともに、労働者の結核対策が推進されました。1950～70年代には、じん肺、有機溶剤中毒、鉛中毒、職業がんの特殊健康診断などの労働衛生対策が推進され、1972年に、労働基準法から分かれて労働安全衛生法が成立して、産業医の制度が始まりました。

産業保健の具体的な活動は、職場や作業を改善して快適なものにすることと働く人々の健康を保持増進することです。このうち、前者は、工学、衛生学、環境科学といった科学に基づくもので、国際的にはオキュペーショナル・ハイジニストと呼ばれる専門家が、作業環境中の物理的要因や化学物質を測定して作業者へのばく露を低減するための対策を推進したり、作業に伴う不良姿勢や疲労の改善に努めたりします。後者は、医学、看護学、心理学といった科学に基づくもので、産業医学の専門家が、仕事が心身に与える影響を評価して持病や生活習慣にも配慮した助言や指導を行います。

わが国においては、産業医のほか、衛生管理者、作業環境測定士、労働衛生コンサルタントといった法令上の有資格者がいるほか、産業看護職、産業歯科医、エルゴノミスト、健康診断の専門家なども活躍しています。労働安全衛生法は、産業医を産業保健の分野を統括する専門家として位置付けており、常時50人以上を使用する事業場では、有資格の医師を産業医として選任し、毎月、職場を巡視し、衛生委員会に参加するよう求めています。

わが国の産業医には、日本産業衛生学会の試験に合格した専門医と日本医師会の研修を修了した認定産業医という二つの制度があります。前者は産業医学を専門とする医師が主として大学や大企業で活躍するという先進諸国と同様の制度ですが、後者は地域医療を通して労働者の健康を守る医師として全国津々浦々で6万人以上の医師が産業医の主力となって活躍するという日本特有の制度です。

超高齢化が進んでいる日本においては、過半数の労働者が健康面で課題を抱えながら就業しており、治療と仕事の両立を支援する取り組みが必要となっています。産業保健の活動では、一人一人の健康状態と常に変化する職場や仕事の状況との両方を理解して、それぞれの改善を通じて適合させていく産業医の重要性がますます高まっています。

生き生きと働くために

東敏昭

「健康的な働き方」を考える事項も最後となります。全国で唯一、産業医を育成する産業医科大学（北九州市）の教授陣が、産業医ができるサポート、禁煙などの職場改善策、働く人が自分でできる疾患予防などについて紹介してきました。

従業員が50人以上の事業場には法律で産業医の関与が義務付けられています。産業医は働く人の健康を守る、いわば職場の「かかりつけ医」です。

現在、元気な日本をつくる重要政策として「働き方改革」が進められています。これに伴い、労働安全衛生法も改正されました。長時間労働や強いストレスによる健康への影響を防ぐため、健康管理の専門家として産業医の役割と権限が強化されました。経営者は働く人の健康を守るために必要な情報を産業医に提供し、産業医は経営者に対して手順を踏んで必要な対策を勧告しなければなりません。

働くことは個人が社会参加することにつながります。特に、東洋の人にとっては最大の健康維持・増進に役立つもののようです。年齢を重ねても賢く働き続ければ、社会に貢献するとともに生きがいを持ち続けることができるのです。

がんを患いながらも、亡くなる2カ月前まで仕事を続けた女優の樹木希林さん（享年75）、最後まで将棋の最高クラスA級に在位した大山康晴15世名人（享年69）は、健康寿命を全うしたといってもいいのではないでしょうか。大山名人は「将棋指しの健康とは将棋盤の前に座って10時間考えられること」と言ったそうです。

さて、産業保健の目的を一言で表すなら、広義の「適正配置」と考えています。それぞれの職場で働きやすい環境をつくる。働く人も自己の力、ワークアビリティー（働く技量）を研ぐ。その上で、誰もが力を発揮して生き生きと働き続けられるように助けるのが、産業医など産業保健スタッフの役割です。

産業医がいる会社ではぜひ顔と名前を覚えてください。そして、皆さんの生きがいを実現できる職場の創造にどんどん役立ててください。

あとがき

産業医科大学 学長　東敏昭

世界は今、第四次産業革命に入っているといいます。これは、人の働き方だけでなく、社会のあり方を大きく変えると認識されています。経営者も労働者もともに、先の見えない不安を感じているVUCAの時代、変動的で不安定（Volatility）な状況で、不確実（Uncertainty）な要因が多く、また、それらが複雑（Complexity）に絡みあい、曖昧で不明確（Ambiguity）な環境変化の中で、自身の在り方を模索する時代です。

社会の活力を高めることが課題となっている現在、世代により直面する状況は異なりますが、変化の中での対応にはさまざまなストレスが生じることは間違いありません。技術革新や人間関係など、職域では特にその影響が大きいとも考えられます。過重労働による健康被害を回避し、働き甲斐のある職場の創造には、産業保健の関与は重要です。産業医、産業保健専門職は、こうした職域の変化と働く人への影響、これを支援する技能(技芸)の向上に努めなければいけません。

社会の変化と技術革新は、産業保健、産業医の業務にも変化を迫ります。また、今後、重要な業務が加わります。政府の「働き方改革政策」の一環として、労働安全衛生法の改正が行われました。産業医の位置づけ、権利義務、事業者の責務が明示されました。従来からある勧告権は強化され、産業医業務に必要な情報の提供が義務付けられました。

産業医科大学はこうした期待に応えられる優れた産業医、産業保健専門職の育成とともに、産業医や産業保健専門職が研鑽を積んでいく機会をより一層提供していきたいと思います。また、産業保健に関わる情報提供は、ホームページなどを通じて行っていきます。

本書は、産業医科大学の医学部、産業保健学部、産業生態科学研究所の教育研究職が分担執筆したものです。産業医、産業保健専門職の活動へのご理解、産業医科大学の活動へのご理解をいただければ幸甚です。

最後になりますが、この連載企画を実現していただいた元西日本新聞社北九州本社代表の玉井行人氏（現ギラヴァンツ北九州社長）、一般読者に分かりやすいタイトルや文章になるよう連載時に毎回丁寧な編集校正をしていただいた編集局の井上真由美氏、増補改訂版の編集に尽力いただいたビジネス編集部の西志麻子氏に心からお礼を申し上げます。

産業医科大学とは

❖ 理念・目的

医学および看護学、その他の医療保健技術に関する学問の教育および研究を行い、労働環境と健康に関する分野におけるこれらの学問の振興と人材の育成に寄与することを目的および使命としています。

❖ アドミッション・ポリシー（医学部）

産業医科大学医学部は、産業医学の振興と優れた産業医の養成を目的として設置されたわが国唯一の医学部です。

労働環境と健康との関係についての高度な学識を有することができるように、標準的な医学教育カリキュラムに加えて、独自の産業医学教育を行い、働く人々の病気の予防と健康の増進に貢献し、健やかに働き豊かに暮らせる社会の実現に寄与できる医師の育成を行っています。

❖ 沿革

1977.12	学校法人産業医科大学の設立認可および産業医科大学の設置認可
1978. 1	学校法人産業医科大学設立
1978. 4	産業医科大学開設
1979. 4	産業医科大学医療技術短期大学開設
1979. 7	大学病院診療開始
1982. 1	大学入学者選抜共通第１次試験参加(医学部)
1982. 4	産業医科大学医療技術短期大学専攻科開設
1984. 3	産業医科大学大学院の設置認可
1984. 4	産業医科大学大学院開設・産業医学基本講座開講
1986. 4	産業生態科学研究所設置
1988. 3	第１回学位記授与式
1989. 4	産業医学卒後修練課程開設
1991. 4	産業医実務研修センター開設
1995.12	産業保健学部の設置認可
1996. 4	産業保健学部開設
1999.12	産業医科大学医療技術短期大学の廃止認可
2004. 4	産業保健学部環境マネジメント学科開設
2011. 4	産業医科大学若松病院開院
2013. 4	産業医科大学大学院医学研究科医学専攻改組
2013.10	産業医科大学大学院医学研究科看護学専攻の設置認可
2013.12	産業医科大学大学院医学研究科産業衛生学専攻の設置認可
2014. 4	産業医科大学大学院医学研究科産業衛生学専攻(修士課程)および看護学専攻(修士課程)開設
2015. 8	産業医科大学大学院医学研究科産業衛生学専攻の課程変更認可
2016. 4	産業医科大学大学院医学研究科産業衛生学専攻(博士課程)開設

❖ 産業医科大学組織図

医学部	医学科
産業保健学部	看護学科
	環境マネジメント学科
大学院医学研究科	医学専攻
	産業衛生学専攻
	看護学専攻
産業生態科学研究所	
教育研究支援施設	図書館
	共同利用研究センター
	動物研究センター
	アイソトープ研究センター
産業医科大学病院	
産業医科大学若松病院	
産業医実務研修センター	
国際交流センター	
男女共同参画推進センター	
保健センター	
情報管理センター	
産業保健データサイエンスセンター	
ストレス関連疾患予防センター	
医学教育改革推進センター	
産学連携・知的財産本部	

❖ 産業医科大学の卒業生が活躍する領域

卒業生は**企業等の産業医や産業保健・衛生専門職**の他、「人間愛に徹し、生涯にわたって哲学する医療、保健従事者」として、以下のような機関で社会に貢献しています。

【行政機関】

厚生労働行政の分野で政策の立案から実行までを担う行政官のほか、国際労働機関（ＩＬＯ）など国際的な専門組織でも活躍しています。

【労災病院】

臨床医学の専門医を取得し、全国各地の労災病院で疾病の治療や健康増進に取り組んでいます。

【医学研究】

全国の大学や研究機関において、基礎医学のみならず疾病の予防から健康増進まで幅広い分野の医学研究を行っています。

産業医科大学
マスコットキャラクター
「ラマティー」

産業医が診る働き方改革
増補改訂版

2020年2月1日 発行

編 者 産業医科大学

発行人 柴田建哉

発行所 西日本新聞社
福岡市中央区天神1－4－1
電話 092－711－5523（ビジネス編集部）

印 刷 西日本新聞印刷

製 本 篠原製本

カバーイラスト 坂田優子
装丁 大村政之（クルール）
本文イラスト 茅島陽子、栗丸友里（西日本新聞社）

ISBN978-4-8167-0976-0 C0047
西日本新聞オンラインブックストア http://www.nnp-books.com/